図解入門
How-nual
Visual Guide Book

よくわかる
最新 音楽の
仕組みと科学

音楽の存在を正面から体系的に解き明かす

岩宮 眞一郎 著

秀和システム

はじめに

　いつも音楽を聴いている人、好きなミュージシャンのライブに足繁く通う人、カラオケが大好きな人、バンドを組んでいる人、コーラスを楽しんでいる人、ブラスバンドやオーケストラの一員の人、パソコンで音楽を制作している人など、音楽を楽しんでいる人はたくさんいます。

　ショッピングモールや飲食店ではBGMが流れ、テレビや映画を見ても必ず音楽を伴っています。列車の発車を告げるメロディや、家電製品の動作の終了を告げる調べも、毎日聞かされています。病気の治療にも音楽が活用されています。音楽は、鑑賞をするためだけのものではなく、私たちの生活の質を向上させる存在でもあります。

　ただし、「音楽」という言葉に関して、私たちは共通した意味を有しているのでしょうか？　音楽を聴くとき、私たちの聴覚や脳はどんな働きをしているのでしょうか？　また、音楽は、何のために存在するのでしょうか？　音楽にはどういった役割や機能があるのでしょうか？　音楽は私たちにとって極めて身近な存在ですが、音楽は謎であふれています。

　私たちの聴覚は、オーケストラが奏でる壮大な音響の中から、メロディの流れ、ハーモニーの響き、リズムの刻みを感じ取り、音楽を楽しんでいます。私たちの運動能力は、音楽を作り出すために活かせる機能を備えています。私たちの脳には、音楽に感動する回路が組み込まれています。音楽を作り出すためにも、音楽を楽しむためにも、音楽にはいろいろな仕組みや仕掛けが仕組まれています。

　本書では、音楽の基礎である楽典から音楽に関する最新の科学的知見まで、シームレスにわかりやすく展開しています。音楽とは何か、音楽の仕組み、音楽を作り出す音の秘密、音楽の基礎を支えるピッチ感覚の特性、音楽を構成するメロディ、ハーモニー、リズムの音楽の3要素の仕組み、音楽のつくり方、感動を生み出す音楽の仕掛け、生活の質を向上させる音楽の機能、人間が生きていく上での音楽の存在意義、音楽の行く末について解き明かし、音楽の謎と秘密に迫ってみたいと思います。

　本書のように、音楽の存在に真正面から取り組み、体系的に論じた書物は、これまでにないものです。

2020年9月　岩宮眞一郎

図解入門 よくわかる
最新 音楽の仕組みと科学がよくわかる本
CONTENTS

第11章 **音楽は何のために存在するのか？**

第12章 **音楽はどこへ向かうのか？**

Column ♪

第 **1** 章

音楽とは何か？

　「音楽とは何でしょうか？」と問われて、何らかの音楽をイメージすることは容易ですが、それを言葉できちんと説明することは簡単ではありません。一般的な回答の「音の芸術」「時間の芸術」「楽しむための音響現象」は、間違いではないのですが、ばくぜんとしすぎでしょう。また、現代音楽の作曲家は音楽の枠を超えることでオリジナリティを生み出し、音楽の定義を困難にしています。さらに、今日、音楽の聴き方も多様化しています。

　本書は「音楽の謎と仕組みを解き明かす」ことを意図していますが、本章では「音楽とは何か？」について考えてみたいと思います。

音楽を定義することは可能か？

音楽とは何かを説明することは難しい

「音楽とは何でしょうか？」と問われて、言葉できちんと説明することは簡単ではありません。「音の芸術」「時間の芸術」「人間が組織的に関与した音響現象」「楽しむための音響現象」といった回答は間違いではないのですが、音楽のみに当てはまるとは限らず、すべての音楽にあてはまるものでもありません。音楽の字ヅラから「音を楽しむもの」という回答もよく聞きますが、この回答は漢字文化圏以外には通用しません。

▶▶「音楽とは何か」を考える

　本章では、「音楽とは何か」について扱いますが、そもそも皆さんは「音楽とは何か」について考えたことがあるでしょうか？

　本書の読者の皆さんは、音楽に興味を持っている人たちだと思います。音楽を聴いたり、演奏したり、作曲したりを楽しんでいることでしょう。今度はどんな曲を聴こうとか、弾いてみようとか、どんな曲を作ろうかとかに関しては、いつも頭の中にあると思います。楽器を演奏する人は、常にうまく演奏することが頭から離れないかもしれません。音楽を制作している人は、どうしたらいい曲ができるのかを追求し続けているのでしょう。

　別に「音楽とは何か」を考えなくても、音楽は楽しく聴けるし、演奏を楽しむこともできるし、いい曲を作ることも可能です。音楽に関する多くの書物においても、「音楽とは何か」について、章や節を設けて詳しく論じているものはあまりありません。ただし、音楽の謎と秘密を解き明かし、音楽の仕組みを理解するためには、音楽についての一般的認識とその限界、音楽が扱う範囲といったことに対する理解が必要です。幅広い音楽的知識を獲得するために、一度、「音楽とは何か」を考えてみてください。

▶▶ 音楽とは「人間が組織的に関与した音響現象」か？

　音楽の定義としてよく引用される言葉として「人間が組織的に関与した音響現象」という考えがあり、しばしば引用されています。しかし、「人間が組織的に関与した音響現象」が音楽だけでないことは明白です。この定義は、私たちの話し言葉や詩の朗読や、サイン音などにも当てはまってしまいます。

　「楽しむための音響現象」という聴取者側からの定義も可能ですが、この定義も音楽だけに限定できそうにありません。朗読、落語、講談、浪曲などの話芸も、楽しむための音響現象といえるでしょう。秋の虫の鳴き声、小川のせせらぎの音、風鈴の音、お寺の鐘の音など、自然の音や生活の中の音も、楽しみを与えくれる音響現象です。

▶▶ 「音楽」から思い浮かぶイメージもさまざま

　「音楽とは何でしょうか？」の問いに対する回答を考えるとき、まず何らかの音楽をイメージしてから、その特徴から答えを導こうとするでしょう。言葉での明確な回答にたどり着くのは難しい作業ですが、音楽とはどのようなものかをイメージすることは簡単です。

　ただし、各個人がイメージする音楽は多種多様です（図1-1）。アイドル・グループのヒット曲を真っ先に思い描く人もいるでしょう。ベートーベンの交響曲をイメージする人もいるかもしれません。ロックやジャズをイメージする人も多いでしょう。これらの音楽は、普通の人が普通にイメージする「普通の」音楽です。こういった多数派がイメージする音楽だけだと、「**メロディ、ハーモニー、リズムの音楽の3要素**を備え、人間が組織的に構成し、感性に訴えかける音」という定義もできそうです。

　本書では、音楽の3要素に支えられた「普通の音楽」を主な対象として、音楽について論じます。ただし、音楽はこういった「西洋音楽的な」普通の音楽ばかりではありません。例えば、西洋音楽以外の音楽だと、ハーモニーの要素が明確でないものもたくさんあります。日本の民謡などでも、西洋音楽的な意味でのハーモニーの要素はないと考えられます。民族音楽の中には、打楽器などのリズムを刻む楽器だけで構成される演奏もたくさんあります。日本の和太鼓のグループの

演奏もその仲間です。そうすると、音楽の3要素を音楽の定義に含めることはできなくなります。

図1-1 音楽のイメージのいろいろ

オーケストラ

音楽とは？

ジャズ アイドル・グループ

COLUMN 環境の音に耳を傾ける

　音楽だけではなく、日常生活の中で聞こえてくる音にも耳を傾けることの重要性を訴えるために、マリー・シェーファーは**サウンドスケープ（音の風景）**の概念を提唱しました。自然を感じさせてくれる音、季節の移ろいを知らせてくれる音、日々の営みの中で聞こえてくる音など、私たちを楽しませてくれる音は、生活の中にあふれています。こういった環境の音（サウンドスケープ）は、人間が組織的に関与した音響現象ではありませんが、音楽と同じように「聴く価値」があるのです。

1-2

音楽を定義することを否定する作曲家

創造性とは音楽の枠組みを破っていくこと

電子音やノイズを多用する現代音楽の先端的な活動も、音楽の3要素という枠組みをはみ出したものです。ジョン・ケージの提唱する「偶然性の音楽」は、音楽を定義すること自体を否定するものです。20世紀以降の作曲家にとって、創造性とは音楽の枠組みを破っていくことなのです。

▶▶ 作曲家の自由な発想が音楽の定義を難しくしている

さらに、現代音楽の先端的な活動も、音楽の3要素という枠組みをはみ出したものです。電子音やノイズばかりで構成され、演奏音からリズムもハーニーも感じられず、ピッチの変化はあるのですがメロディの範ちゅうに入るかどうか判断に困る曲もたくさん作られてきました。「音楽とは？」と聞かれてこういった音楽を思い浮かべる人は多くはないでしょうが、何らかの形で現代音楽を体験した人は少なくないでしょう。

普通の楽器で普通の演奏をしていて、ピッチの推移やリズム・パターンもしっかりしていても、オクターブ内の12音が均等に出現する**12音技法**を使ったような音楽も、普通の音楽とは異質な存在です。また、確率を用いて音楽が展開していくような曲は、果たして「人間が組織的に関与した音響現象」と言えるでしょうか？

▶▶ 創造性とは音楽の枠組みを破っていくこと

演奏家は登場するものの演奏はまったくせず、そのときの環境音を作品としたジョン・ケージの『4分33秒』という作品（図1-2）は、「人間が組織的に関与した音響現象」という定義に対する反論として作られたようにも思えます。ケージは、「音楽とは音である。コンサートの中と外とを問わず、われわれを取り巻く音である」と主張しています。音楽を定義するということは、音楽と音楽以外の音の違いを区別することです。ところが、ケージの音楽では、意図してその区別をしません。ケー

ジの音楽観は、音楽を定義すること自体を否定するものです。

　現代音楽の作曲家のクリエイティブな創作活動は、それまでの音楽の基礎であった調性を否定し、作品の中に楽器音以外の電子音、環境音を取り込み、音楽を定義することをますます難しくしてきました。20世紀以降の作曲家にとって、創造性とは音楽の枠組みを取っ払っていくことなのです。本書でも、「普通の音楽」としては捉えきれない音楽家のクリエイティブな活動についても、無視せずに音楽の本質に迫ります。

図1-2　ジョン・ケージの『4分33秒』の楽譜

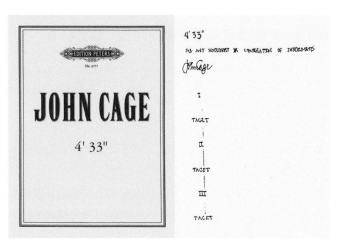

4分33秒
どんな楽器でも，どんな楽器の組み合わせでも良い
（for any instrument or combination of instruments）
ジョン・ケージ（John Cage）

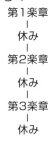

第1楽章
｜
休み
｜
第2楽章
｜
休み
｜
第3楽章
｜
休み

1-3

音は心の中で音楽になる

脳の働きが音楽を楽しませてくれる

オーケストラの迫力ある響きも、情感あふれるギターの調べも、物理的には空気の振動にすぎません。人間の聴覚は空気の振動から楽器音の特徴を認識し、その情報に基づいて人間の脳は音楽を理解します。音楽は、脳の中で作られるのです。音楽を聴くとき、私たちは楽譜に表現できる情報のみを楽しんでいるわけではありません。演奏者の微妙な表現力、さらには演奏音それぞれおよび全体のサウンドなど、楽譜に表現できないような情報も同時に味わっているのです。

▶▶ 音は空気の振動である

私たちが楽しんで聴いている音楽も、物理現象としては、**疎密波**と呼ばれる空気の圧力変化に過ぎません。私たちの聴覚と脳が、空気の振動を分析していろいろな楽器の音を聴き分け、各音のピッチを認識し、ハーモニーを理解し、リズム・パターンを捉えて、私たちは音楽を楽しむことができるのです。

例えば、スネア・ドラムを例にとって、音が伝わる様子を見てみましょう。演奏者がスティックでスネア・ドラムを叩くと、スネア・ドラムに張られた膜が振動します。そして、膜の振動が、膜を取り巻く空気に作用し、大気圧からの圧力変化を生じさせます。空気の圧力は、膜に押されると上がり、膜が引くと下がります。圧力の変化はその回りの空気に、次々と伝わっていきます。このとき発生する「上がったり、下がったり」の圧力変化が音（**音波**）なのです。この空気の圧力変化が人間の聴覚系に伝えられて、「音」として認識されるのです。

▶▶ 脳の働きで音は音楽になる

空気中を伝わる音の様子は、大気圧からの圧力の変化として表すことができます（図1-3）。音が伝わるとき、圧力は、大気圧よりも高くなったり、低くなったりを繰り返します。その変化を私たちの聴覚が捉えて、「音」として認識します。圧力変化の速さが**ピッチ**に対応します。圧力の変化の幅が、**音の大きさ**に対応します。

複数のピッチの音が存在する場合には、それぞれの音を分離して聞き分けることもできます。

　聴覚の働きによって、音楽を聴いたときに、ピッチの変化や、楽器の**音色**や、音の大小の推移を感じることができるのです。さらに、脳の働きによって、ピッチの変化が作り出すメロディやピッチの組み合わせがもたらすハーモニー、音の流れが形成するリズム表現を感じることができるのです。その情報を使って、脳は音楽を理解し、楽しむことができるのです。音楽は、脳あるいは心の中で作られるのです。

図1-3　音は空気の圧力の変化

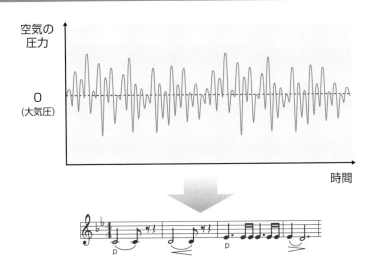

▶▶ サウンドを楽しむ

　脳内における情報処理によって、ピッチの情報を階名に、音の長さの情報を音符の情報に解釈し、拍子や調の判断が行われて、「音楽を聴く」ことができます。しかし、これで音楽を理解し、楽しんだことになるのでしょうか？

　音楽を聴くとき、私たちは楽譜に表現できる情報のみを楽しんでいるわけではありません。演奏のうまい下手はもとより、演奏者の微妙な表現力、さらには演奏

音それぞれおよび全体の**音作り（サウンド）**などの楽譜に表現できないような情報も同時に味わっているのです。

　特に、ポピュラー音楽などでは、**エフェクタ**類を駆使した音作りが行われているので、聴く側もその斬新なサウンドを楽しんでいるのです。音楽知覚・認知分野の研究テーマとして**強烈な音楽体験**というテーマがありますが、斬新な音作りにより、コード一つで鳥肌が立つような強烈な体験を味わうことができるのです。私たちは、サウンド自体の情報を楽しむ能力も持っているのです。

COLUMN　強烈な音楽体験

　音楽は、「身震いがする」「鳥肌が立つ」「涙があふれる」といった、尋常ではない体験の引き金にもなります。こういった強烈な音楽体験は、多くの場合、楽しさ、歓喜、高揚、至福といったポジティブな感情をもたらします。そして、強烈な音楽体験をもたらす音楽の要素については、「あらあらしい和音」「神々しいまでに美しい音」「荘厳な響き」「無垢な音楽」といった表現で語られています。

　強烈な音楽体験をもたらす音楽のジャンルは、ロック、クラシック、ジャズなどさまざまです。そして、強烈な音楽体験は、コンサートの最中、パブで生演奏を聴いていたとき、演奏会のリハーサル中、ラジオで音楽を聴いていたときなど、さまざまな状況で生じます。強烈な音楽体験には、音楽的要因、個人的要因のほか、どんな状況下で音楽を聴取したかの要因も関わっているのです。

音楽のジャンルの多様化

音楽のジャンルは増え続ける

音楽のジャンルという言葉から持たれるイメージもさまざまです。真っ先に思い浮かぶジャンルは、クラシック、ジャズ、ロック、ポピュラーなどでしょう。ソウル、シャンソン、タンゴ、サルサなどといったジャンルの愛好者も少なくありません。また、ラップ、ヒップ・ホップ、DTM、DJ、ボーカロイドなど、新しいジャンルの音楽も次から次へと登場し、ジャンル分け自体のジャンルも必要となりそうな状況です。

▶▶ ジャンルはどこまで増えるのか

音楽のジャンルとして、クラシック、ジャズ、ロック、ポピュラーといった分類が一般的で、CD売り場などでもそういった分類がなされています。シャンソン、ソウル、フォーク、タンゴ、サルサなどといったジャンルで音楽を捉える方も少なくありません。

しかし、クラシックの分野でも、室内楽、オーケストラ、オペラ、ピアノ曲といった分野に細分できますし、古典派、ロマン派、現代音楽といった時代ごとの分類も可能です。ジャズでもスイング・ジャズ、モダン・ジャズ、ビバップ、アシッド・ジャズなどの分類もあり、ロックはハード・ロック、プログレッシブ・ロック、ヘビー・メタル、グラム・ロック、パンク・ロック、テクノなどの多様なジャンルを生み出しました。民族音楽や民謡の分野になると、民族や地域の数だけジャンルが存在します。オールディーズという分類も、一種のジャンルといえるでしょう。

日本のポピュラー音楽も、歌謡曲、演歌、J-popなどに分類されますが、グループ・サウンズ、ムード歌謡、フォークなどのジャンルが盛んな時期もありました。アニソン、アイドル、ガールズ・バンドなどという分類も、それぞれジャンルとして楽しんでいる人たちがいます。映画ファンには映画音楽という分類もなじみ深いジャンルでしょうが、ゲーマーたちにはゲーム音楽という分類もジャンルとして捉えられているようです。音楽ジャンルというのは、個人がどのように音楽を理解してい

るかを反映したものといえるでしょう。

　ポピュラー音楽の世界では、フュージョン、ラップ、ヒップ・ホップ、ボーカロイドなど、新たな音楽ジャンルが次から次へと登場します。音楽家は、新しい音楽を生み出す存在ですが、既存のジャンルの中で新しい楽曲を生み出すだけでなく、新しいスタイルの音楽を生み出すことも考えています。彼らの創造性が、新たな音楽ジャンルを生み出し続けるのです。今までにないジャンルを楽しむというのも、音楽の楽しみ方の一つでしょう。

▶▶ 演奏の楽しみ方もさまざま

　音楽を演奏して楽しんでいる人もたくさんいますが、そのジャンルもさまざまです。オーケストラ、吹奏楽、ジャズ、ロック、合唱（図1-4）などが一般的ですが、シャンソン、タンゴ、フォーク・ソングなどの演奏を楽しんでいる人たちも少なくありません。民謡や和楽器の演奏を楽しんでいる方もおられます。

　マンドリン・オーケストラとか古楽器の演奏を楽しむグループやオペラやミュージカルに取り組むグループも存在します。さらに、最近は、「演奏」というカテゴリに入るのかどうかは微妙ですが、DTM（Desktop Music）、DJ（Disc Jockey）といったジャンルを楽しむ人たちも増えてきました。

COLUMN　DTM（デスクトップ・ミュージック）

　今の時代、コンピュータ1台あれば、本格的な音楽を制作することができます。かつてはシンセサイザをコンピュータで制御して音楽を制作していましたが、今ではコンピュータ内部にシンセサイザの音源を有しています。そんなコンピュータで作った音楽のジャンル名をDTM（デスクトップ・ミュージック）と呼んでいます。コンピュータの能力向上と低価格化により、DTMが盛んになりました。

　音楽のジャンルがさまざまであることを反映して、音楽を演奏する楽しみも多様です。新しいジャンルに挑戦する人たちがいると同時に、昔ながらの演奏スタイルを楽しみ続けている人たちもたくさんいます。こういった新旧の多様な音楽ジャンルを楽しめる社会が理想ではあるのですが、流行り廃りもあるので、先細りになってしまうジャンルもあるでしょう。

図1-4　合唱を楽しむ人たち

1-5

音楽の聴き方の多様化

音楽が環境化してきた

　昔は生演奏でしか音楽を楽しむことはできなかったのですが、現在は再生装置を用いて音楽を聴くことの方が多いのではないでしょうか？　また、街にはBGMがあふれ、音楽が環境化しつつあります。音楽は集中して聴取するだけではなく、何かをしながら聴取する存在になってきました。

▶▶ スマホで楽しむ音楽、BGMで流れる音楽

　かつては、生の演奏を通してしか、音楽を楽しむことはできませんでした。もちろん、今でもコンサート・ホールやライブ・ハウスなどで生の音楽を聴く機会はたくさんあります。しかし、現代の生活では、オーディオ装置やラジオ・テレビを通して、音楽を聴く機会の方が多いのではないでしょうか？

　スマートホンや携帯用プレーヤを使って一日中音楽を聴いている人や、カー・オーディオで音楽を楽しんでいる人もたくさんいます。デパートやスーパーマーケットでは、BGMとして音楽が流されています。音楽の聴き方、音楽とのかかわり方も多様化しているのです（図1-5）。

> **COLUMN**　**イヤホンにこだわる若者**
>
> 　音楽はサブスクリプション・サービスで満足する若者ですが、イヤホンにはこだわっているようです。高級機種を買い求める若者も、結構いるようです（フィギュアスケートの羽生結弦選手は、数十種類もの高級イヤホンを用途に合わせて使いわけているそうです）。「音楽は、スマートホンを使って、イヤホンで聴くもの」との認識が一般的なのでしょう。電車やバスでの移動中は、彼らにとっては音楽を聴く時間にもなっているようです。
>
> 　なお、回りがうるさいと音楽再生音のボリュームを上げてしまいがちですが、イヤホンでの大音量、長時間の音楽聴取は、難聴になる危険性が高いので注意してください。WHO（世界保健機構）も、世界の若者（12〜35歳）の半数近くに当たる11億人が難聴になる可能性があると警告をしています（2019年2月）。

図1-5　音楽の聴き方の多様化

▶▶ 音楽の集中聴取と周辺聴取

　コンサート・ホールやオーディオ装置で音楽を楽しむ場合、音楽を集中的に鑑賞することを目的に音楽を聴いています。しかし、デパートやスーパーマーケットで流されているBGMを集中的に聴取している人は、めったにいないでしょう。カー・オーディオや屋外で携帯用音楽プレーヤを使って音楽を聴いている人も、**集中聴取**というよりは他のことをしながらの聴取にならざるをえないでしょう。

　こういった**音楽の環境化**に伴う音楽の**周辺聴取**は、現在の音楽文化の一つの特徴でしょう。ただし、周辺聴取の状況下であっても、脳は音楽情報の処理を続けています。音楽の定義や存在意義を考える場合、音楽の聴き方の多様化も考慮に入れなければなりません。

音楽の
仕組みとおきて

　西洋音楽やその影響を受けた音楽では、メロディ、ハーモ
ニー、リズムの音楽の3要素によって音楽が構成され、音楽
の3要素が音楽の感動の源になっています。音楽の3要素は、
五線譜と呼ばれる楽譜の上に表現され、演奏者は楽譜の情報
に基づいて音楽を作り出すのです。楽譜は、楽典（がくてん）
と呼ばれる音楽の規則に従って表記されています。

　本章では、楽譜の上での音楽の規則や仕組みについて解説
します。本章では、音楽についての知識を持っていない方でも
理解できるように基礎からやさしく解説しています。楽典など
の音楽の知識を持っている方は、本章は読み飛ばしてもらって
結構です。

2-1

メロディ、ハーモニー、リズムが音楽の感動を作り出す

メロディは横糸、ハーモニーは縦糸、リズムはアクセント

西洋音楽やその影響を受けた音楽では、音楽を形づける基本的要素として、メロディ、ハーモニー、リズムがあります。これらは、音楽の3要素と言われています。音楽の3要素の絶妙なコンビネーションが、音楽の感動をもたらすのです。

▶▶ メロディ、ハーモニー、リズムとはそれぞれ何か？

メロディはピッチ（音の高さ）の上昇、下降によって形成されます（「ピッチ」に関しては、第4章で詳しく解説します）。メロディによって、音楽の流れを作り出すことができます。音楽から感じられるさまざまな情感も、メロディが元になっています。

ハーモニーは、ある音に別のピッチの音を同時に鳴らすことによって作られます。美しく構成されたハーモニーによって、メロディに豊かな膨らみを与えることができます。音と音のピッチ間の関係とその展開がハーモニーを作り出すのです。

リズムは、繰り返しによって生み出される時間パターンのまとまりです。各音の強弱や長短などの違いが、各リズム固有の時間パターンを形成します。リズムの刻みは、楽曲に統一感を与えます。

▶▶ 音楽の3要素が重層的に組み合わさって音楽ができあがる

メロディを横糸に、ハーモニーを縦糸に、リズムでアクセントをつけて、音楽はできあがります。これら**音楽の3要素**は、音楽の骨格を形成する要素といえるでしょう。音楽の3要素は、楽譜の上に表現されています。

多くの音楽では、これらの3要素がすべて備わっています。ただし、太鼓のみの演奏グループが多く存在するように、リズムのみで表現された音楽も存在します。一方、メロディは、単にピッチの上下だけでなく、音符の長短や休止などが組み合わさって構成されることから、リズムとは不可分です。また、ハーモニーも、

時間的な展開も含むため、リズムの要素が入ってくるとともに、メロディ的な性質も帯びてきます。音楽は、3つの要素が重層的に構成されて、作り上げられているのです（メロディは第5章、ハーモニーは第6章、リズムは第7章で詳しく解説します）。

COLUMN 　**楽譜の起源**

　音楽を人から人へと伝える手段として、もともとは演奏を耳で聴いてそのとおり演奏するという**口頭伝承**が一般的でした。西洋で楽譜を使って音楽を伝達する方法が発達したのは、キリスト教の礼拝音楽を各地域に正しく伝える必要があったからだといわれています。教皇庁のあるローマで歌われていた「グレゴリオ聖歌」の歌詞と旋律が、どの地域でも同じように歌われるようにするために、楽譜が必要だったのです。旋律を記譜する方法が生み出されたのは9世紀の頃でした。

2-2
音楽を理解するための楽譜の上の決まりごと

楽典は音楽のおきて

音楽の3要素の情報は、楽譜の上に表示されています。五線の上に表示された音符と休符の組み合わせは、メロディ、ハーモニー、リズムを表現します。楽典というのは、音楽をつくり出したり演奏したりするための規則のことです。「音楽の文法」という言い方もできるでしょう。また、楽譜も、楽典に従って書く必要があるので、楽典は「楽譜の決まりごと（おきて）」でもあります。

▶▶ 楽譜は音楽の設計図

一般に、西洋音楽の情報は、**楽譜**の上に表記されています。現在の楽譜は、**五線譜**とも呼ばれるように、5本の平行線とそこに描かれた音符と休符、その他の記号によって構成されます。作曲家は楽譜を使って曲を設計します。演奏家は、楽譜を理解して、音楽を作りあげます。

図2-1に例を示しますが、楽譜の横軸は時間軸で、左から右へ進行します。楽譜の縦軸は、ピッチの軸で、ピッチの違いを半音単位で表記できます。五線譜の上側の音はピッチの高い音、五線譜の下側の音はピッチの低い音です。

図2-1　音楽の3要素が表現された楽譜の例：モーツアルト『トルコ行進曲』の一部

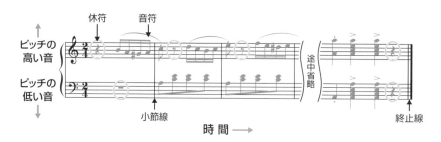

楽譜中の平行な5本の線に対して、縦にひかれた線が**小節線**です。曲の終わりには、**終止線**を用います。曲の途中で大きな区切りがあるときには、**複縦線**という2本の線を用います。小節線は小節の区切りで、4拍子の曲だと4拍、3拍子の曲だと3拍ごとに区切ります。

音楽の3要素のうち、リズムは音符と休符のパターンで表現されます。メロディは楽譜上の上下の動きで表現されます。ハーモニーは、楽譜の縦方向のピッチの重なりで表現できます。

▶▶ 音名と階名―絶対的なピッチと相対的なピッチ―

音名は、楽譜の上でのピッチの絶対的な位置を表す「ハ、ニ、ホ、ヘ、ト、イ、ロ」という名称です。英語では、「C、D、E、F、G、A、B」のアルファベットで音名を表現します。音名は、周波数と対応します。一般的には、中央のA（A4）の音の周波数を440 Hzに定め、これを基準として各音の周波数が決まります。なお、A4と**オクターブ**関係にある音の周波数は、440 Hzの$\frac{1}{8}$（A1）、$\frac{1}{4}$（A2）、$\frac{1}{2}$（A3）、2倍(A5)、4倍（A6）、8倍（A7）等になりますが、他の音の周波数は音律によって若干異なることになります。音名を表すアルファベットの右の数字は、オクターブ上昇するごとに1つ増加します（A4→A5のように）。図2-2に、音名と楽譜上（ト音記号の）、ピアノの鍵盤上での位置の対応関係を示します。図2-2には、隣接する音名間（ピアノの白鍵間）が**全音**か**半音**かの区別も示しています。

一方、「ド、レ、ミ、ファ、ソ、ラ、シ」は、各種の音階（調）での相対的なピッチの違いを表し、**階名**と呼ばれています。「ハ」が「ド」になる音階もあれば、「ト」が「ド」になる音階もあり、ドの周波数は音階により異なります。

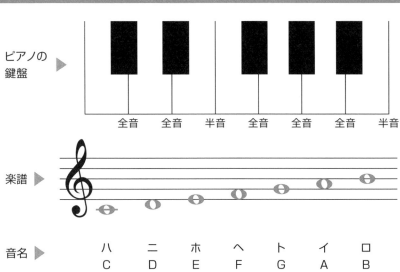

図2-2 音名と楽譜上（ト音記号）、ピアノの鍵盤上での位置の対応関係

ピアノの鍵盤 ▶

全音　全音　半音　全音　全音　全音　半音

楽譜 ▶

音名 ▶

| ハ | ニ | ホ | ヘ | ト | イ | ロ |
| C | D | E | F | G | A | B |

▶▶ ピッチの表し方

　楽譜の上で、ピッチの違いは、五線（5本の平行線）の上下方向で表します。五線の各線と隣接する（線と線の）間の違いが、音階上での一音の違い（**半音**あるいは**全音**の違い）となります。図2-3に示すように、音符の前に♯（**シャープ**）の**臨時記号**がつくと元の音から半音上昇し、♭（**フラット**）の臨時記号がつくと半音下降することを示します。♯または♭でピッチが変化した音を元のピッチに戻すには♮（**ナチュラル**）という記号を付けます。五線をはみ出すほど低い音、高い音の表現には、**加線**（－）を使います。

> **COLUMN** ## 音部記号はアルファベットの文字を装飾化して生まれた
>
> 　音部記号のデザインは、それぞれの記号が指し示す音名のアルファベットの文字を装飾化して作成されました。ト音記号はGの文字、ヘ音記号はFの文字、ハ音記号はCの文字を装飾化した記号なのです。そう言われればわかるような気がしますが、言われなければわかりませんね。

図2-3　臨時記号：シャープ、ナチュラル、フラット

　五線の左端には、図2-4に示すように、**ト音記号**、**ヘ音記号**、**ハ音記号**のいずれかがついていて、これらの記号により五線譜のどの位置がどのピッチに対応するのかを示します。これらの記号を**音部記号**といいます。一般の楽譜にはト音記号が用いられますが、利用する音域に従って、ヘ音記号、ハ音記号も用いられます。ト音記号は五線譜の下から2本目の線が「ト（G4）」、ヘ音記号は上から2本目の線が「ヘ（F3）」、ハ音記号は真ん中の線が「ハ（C4）」であることを示します。

　ピアノなどでは、ト音記号とヘ音記号の楽譜が二段になっていて、左手と右手のパートを別々に示します。**総譜**（**フルスコア**あるいは**スコア**）は、オーケストラのように多くの楽器のパートがある場合に、各パートの楽譜を縦に並べたものを指します。指揮者は、総譜を見て、演奏全体を見渡します。総譜の各パートには、各パートの音域に応じた音部記号が用いられています。

図2-4　音部記号（ト音記号、ヘ音記号、ハ音記号）と各音部記号が指定するピッチ

第2章　音楽の仕組みとおきて

　楽譜には、さらに**拍子記号**がついていて、何拍子かを示します。図2-5に示すように、拍子記号は、「$\frac{4}{4}$」のように分数の形で表し、分子が「拍の数」、分母が「拍を表す音符の単位」を表します。つまり、$\frac{4}{4}$は「4分の4拍子」、$\frac{6}{8}$は「8分の6拍子」を表します（拍子に関しては第7章で詳しく説明します）。

図2-5　拍子記号のいろいろ

▶▶ 音符と休符

　音符は、ピッチと長さを表現します。ピッチは、五線上での上下方向の位置で表現します。音の長さは、音符の種類で区別します。音符の長さに関しては、図2-6に示すように、全音符を最長として、2分音符、4分音符、8分音符、16分音符と、演奏時間が半分ずつに分割されます。これらに**付点**をつけると、音符の長さは付点をつける前の1.5倍になります。付点をつけた音符は、付点4分音符といった呼び方をします。

　8分音符や16分音符がいくつも連続して並ぶと、ごちゃごちゃして見にくい場合があります。そんなときは、音符の上を線で結ぶ**連桁**という表現をします。

　2分音符を2等分すると4分音符、4分音符を2等分すると8分音符となるのですが、3等分とか5等分する場合には、**連符**という表現を用います。3等分する場合を3連符、5等分する場合を5連符といい、音符の上の連桁に数字を入れます。

　休符の区別は長さだけです。音符と同じように、全休符、2分休符、4分休符、8分休符、16分音符のように、休止時間を半分ずつにする休符があります（図2-7）。付点をつけると長さが1.5倍になることも音符と同様です。なお、全休符は1小節分の休みを意味するので、拍子によって長さが異なることになります。

図2-6　音符のいろいろ

図2-7　休符のいろいろ

音程はピッチの隔たりを表す

音程は楽譜上の隔たりで測る

音程とは、楽譜上の2音間のピッチの隔たりのことです。2音が同じピッチである場合は1度、楽譜の上で上下の隣り合った音の間は2度、その隣は3度というように、楽譜の上で隔たりが1つ増えるごとに音程は1度増えていきます。また、音程には、完全、増、減、長、短といった区別があります。

▶▶ 音程は楽譜上でのピッチの間隔

楽典では、楽譜上のピッチの上下の隔たりを**音程**という尺度で表現します。音程は、楽譜の上での、2音間のピッチの間隔で定義します。音程の単位には**度**を用います。

図2-8に示しますが、2音が同じピッチである場合は1度、楽譜の上で上下の隣り合った音の間は2度、その隣は3度というように、楽譜の上で隔たりが1つ増えるごとに音程は1度増えていきます。

ただし、楽譜の上で同じ隔たりであっても、半音と全音の組み合わせによって、度数の前に、**長**、**短**、**完全**、**増**、**減**などの用語がつきます。

図2-8　1度、2度、3度、4度、5度、6度、7度、8度の音程

| 1度 | 2度 | 3度 | 4度 | 5度 | 6度 | 7度 | 8度 |

▶▶ 完全で始まる音程

完全は、図2-9に示すように、1度、4度、5度、8度の音程で用いられる用語です。完全1度は同じピッチの音間の音程です。完全8度は、オクターブ隔たった音程で、音程を構成する2つの音の階名はドとドのように同じです。完全8度は、全音5つ

と半音２つ（半音12個）で構成される音程です。完全５度は、ドとソの間の音程で、全音３つ、半音１つ（半音７つ）で構成される音程です。完全４度は、ドとファの間の音程で、全音２つ、半音１つ（半音５つ）で構成される音程です。

　オクターブの音程では、周波数が２倍（半分）になります。音程は２音間の周波数比で定まりますが、１度（同じ音）とオクターブ以外の音程は音律が異なると周波数比が違ってきます。なお、**ピタゴラス音律**、**純正律**などの古典的な音律では、完全５度の周波数比は２：３（低い音の周波数：高い音の周波数）、完全４度の周波数比は３：４で、オクターブの周波数比の１：２とともに、単純な比率で心地よく響く**協和音程**を構成します。これら周波数比の単純な協和音程は、**完全協和音程**と呼ばれています。

図2-9　完全１度、完全４度、完全５度、完全８度の音程

▶▶ 長、短で始まる音程

　図2-10に示すように、２度、３度、６度、７度の音程では、長または短を用います。２度は隣り合う音程のことで、ドとレのような全音（半音２つ）の隔たりは長２度、ミとファのような半音の隔たりは短２度と呼びます。長３度はドとミのようには全音２つ（半音４つ）隔たった音程で、短３度はミとソのように全音１つと半音１つ（半音３つ）で構成された音程です。長がつく音程は、いずれも短がつく音程よりも半音大きくなっています。長６度はドとラのように、全音４つ、半音１つ（半音９つ）で構成される音程で、長７度はドとシのように、全音５つ、半音１つ（半音11個）で構成される音程です。短６度は長６度より半音小さい音程、短７度は長７度より半音小さい音程です。

　長３度、短３度、長６度、短６度も、協和音程に分類されますが、協和音程と

して扱われるようになったは完全協和音よりもずっと後になってからです。2音の周波数比も、完全協和音ほど単純ではないので、これらの協和音程は**不完全協和音程**と呼ばれています。長2度、短2度、長7度、短7度は、**不協和音程**に分類されています。

図2-10 短2度、長2度、短3度、長3度、短6度、長6度、短7度、長7度の音程

短2度　長2度　短3度　長3度　短6度　長6度　短7度　長7度

▶▶ 増、減で始まる音程

　完全音程、長音程より、半音大きい音程が増音程、完全音程、短音程より半音小さい音程が減音程です。例えば、ドとソ#のような音程が増5度、ドとソ♭のような音程が減5度となります。そして、ドとファ#のような音程が増4度となります。増4度と減5度は、いずれも半音6つ分の音程なので、実質同じとみなせる音程です。増5度、増4度、減5度などは、不協和音程です。ただし、最近の音楽は、効果的に不協和音程を利用して、音楽の表現幅を広げています。図2-11に、増5度、減5度、増4度の音程を示します。

図2-11 増5度、減5度、増4度の音程

増5度　　　　減5度　　　　増4度

2-4

三和音の響き：3度の音程を
2つ重ねた和音

長三和音、短三和音、減三和音、増三和音

　音階上の3度ずつ隔たった3つの音を重ねた和音を三和音といいます。三和音には、長三和音、短三和音、減三和音、増三和音があります。4つの三和音は、それぞれ独特の響きがあり、別々の機能を果たしています。

▶▶ 3度の音程を2つ重ねると三和音ができる

　3度の音程を2つ重ねた和音を**三和音**と呼びます。ギターやピアノで伴奏するときに使用するコードも、三和音を基礎としています。三和音は、和音の基本形といってもいいでしょう。

　西洋音楽の音階では、3度の音程には、長3度（全音＋全音）と短3度（全音＋半音）の2通りあります。順序を含めてこれらをすべて組み合わせると、三和音には、4通りの組み合わせが考えられます。4つの組み合わせとは、長3度＋短3度、短3度＋長3度、短3度＋短3度、長3度＋長3度です。三和音を構成する3つの音は、下から**根音**、**第3音**、**第5音**と呼ばれます。4つの三和音は、図2-12に示すように、**長三和音**、**短三和音**、**減三和音**、**増三和音**と名づけられています。

| 図2-12　長三和音、短三和音、減三和音、増三和音 |

| 長三和音
長3度＋短3度 | 短三和音
短3度＋長3度 | 減三和音
短3度＋短3度 | 増三和音
長3度＋長3度 |

▶▶ 陽気な長3和音、陰気な短3和音

　長三和音は、長3度の上に短3度を重ねて形成されます。ドを根音にとれば、「ド ミソ」で構成されます。短三和音は、短3度の上に長3度を重ねたもので、構成 音は「ドミ♭ソ」です。根音と第5音の音程は、長三和音、短三和音いずれの場合も、 完全五度です。

　この2つの和音においては、根音と第3音、第3音と第5音、根音と第5音が、 いずれも協和音程になっているため、非常に安定した心地よい響きが得られます。 和音の響きも、好まれます。

　なお、長三和音の響きは、長音階を連想させ、「明るい」「陽気な」印象を持たれ、 とりわけ心地よく、安定した響きとなります。短三和音の響きは、短音階を連想さ せ、「暗い」「陰気な」印象となります。

▶▶ ちょっと変わった響きの減三和音と増三和音

　減三和音は、短3度を2つ重ねたもので、「ドミ♭ソ♭」となります。2つの3 度の音程は協和音ですが、根音と第5音の音程は、減5度となり不協和音となり ます。そのため、不安定な感じがします。また、減三和音には、押しつぶされたよ うな印象があり、不快感を伴います。

　増三和音は、長3度を2つ重ねたもので、「ドミソ♯」となります。2つの3度 の音程は協和音ですが、根音と第5音の音程は、増5度となり不協和音となります。 増三和音は、ちょっと間延びしたような、不安定な響きとなります。

　安定感のある長三、短三和音から得られるハーモニーは、心地よい響きを作り 出します。しかし、それだけでは、少し退屈します。和音進行にも、多少は冒険が 必要です。減三、増三和音も、使い方次第で音楽表現を豊かにし、音楽をより奥 深いものにしてくれます。

▶▶ 三和音の転回形：構成音の順番を変える

　三和音の一番基本的な配置では、構成する3つの音は、下から根音、第3音、 第5音と並びます。これらは、配置を入れ替えても、同じ和音（コード）として機 能します。例えば、長三和音の「ドミソ」を「ミソド」としても「ソドミ」としても、

すべて同じ和音として利用できます。

　三和音の中で、最も低い音が根音である場合を**基本形**といいます。これ以外の音が最低音になる場合を**転回形**といいます。第3音が最低音になった場合を**第1転回形**、第5音が最低音になった場合を**第2転回形**と呼びます（図2-13）。転回形を用いることで、極端にピッチを上下させることなく、和音進行を作り出すことができます。また、メロディアスな声部を作り出すことも可能となります。

図2-13　三和音の基本形、第1転回形、第2転回形

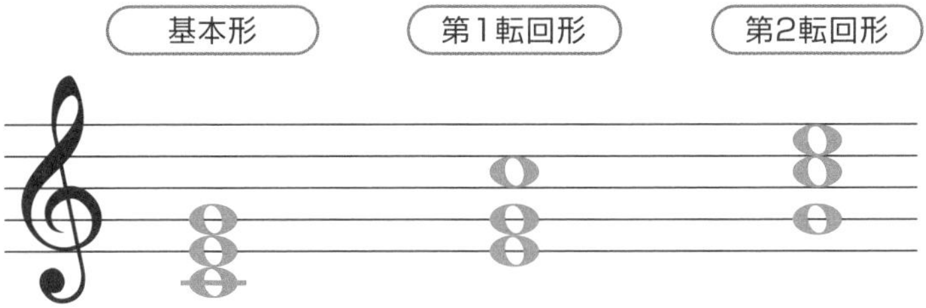

COLUMN　計量記譜法

　初期の楽譜は、ピッチの変化を示すだけのものでしたが、13から14世紀にかけて、異なる音の長さに対して異なる形状の音符を当てはまる**計量記譜法（定量記譜法）**が生まれました。そして17世までには、現在の楽譜とほとんど変わらない記譜法が定着しました。17世紀以降は、小節線の付加、音の強弱やテンポを表す記号などが導入され、楽譜が伝える情報量も増加しました。

2-5

和音進行の規則

主和音に始まり属和音、下属和音を経て主和音に戻る

美しいハーモニーを構成するためには、同時に鳴る和音の響きだけではなく、安定した和音の進行が必要となります。西洋音楽では、主和音に始まり、属和音に進行してから主和音に戻るカデンツが基本的な和音進行です。

▶▶ 三和音の種類と働き

ある音階上のそれぞれの音を根音として三和音を作ることができます。図2-14に示すように、それぞれの和音には、主音（長調ではド）を根音とした和音から順番に、「Ⅰ、Ⅱ、Ⅲ、Ⅳ、Ⅴ、Ⅵ、Ⅶ」とローマ数字が割り当られています。これらの和音は、メロディの進行に合わせて利用されますが、音階上の位置で各和音が性格づけられ、和音進行の規則が定められています。

7つの三和音のうち、Ⅰは**トニック・コード**（**主和音**）、Ⅴは**ドミナント・コード**（**属和音**）、Ⅳは**サブドミナント・コード**（**下属和音**）といわれ、**主要三和音**に分類されます。和音の進行は主要三和音の進行を中心に規則化されています。

主要三和音のうち、トニック・コード（T）は、「ドミソ」のように主音「ド」を根音に持ち、和音進行の中心的役割を担う安定感のある和音です。ドミナント・コード（D）は、「ソシレ」のようにトニック・コードに進行する機能を持つ和音で、主音の完全5度上の「ソ」が根音になります。サブドミナント・コード（S）は、「ファラド」のように、直接、間接にトニック・コードに向かう和音で、主音の完全4度上の「ファ」を根音とします。

残ったⅡ、Ⅲ、Ⅵ、Ⅶの4つの3和音は**副三和音**と呼ばれ、主要三和音の代わり（**代理コード**）として利用されるなど、主要三和音を補佐する形で和音進行に登場します。副三和音の活用で、音楽の表現力は格段にアップします。

図2-14 ハ長調の音階上の三和音：主要三和音と副三和音

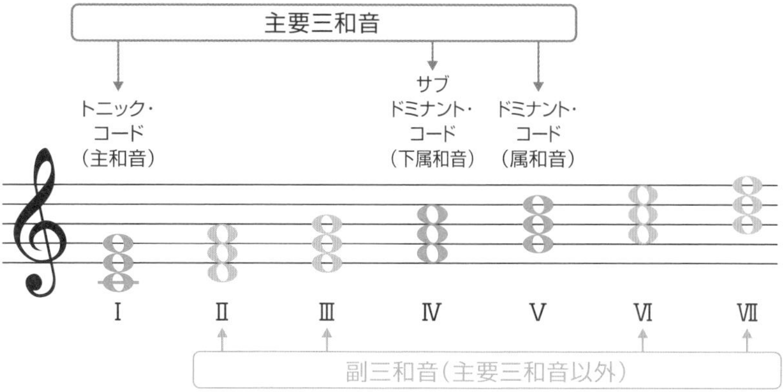

主要三和音

トニック・コード（主和音）／サブドミナント・コード（下属和音）／ドミナント・コード（属和音）

I II III IV V VI VII

副三和音（主要三和音以外）

▶▶ 和音進行のパターン

西洋音楽の典型的な和音進行は、図2-15に示すように、T（トニック・コード）→D（ドミナント・コード）→T（トニック・コード）、T（トニック・コード）→S（サブドミナント・コード）→T（トニック・コード）、T（トニック・コード）→S（サブドミナント・コード）→D（ドミナント・コード）→T（トニック・コード）です。このようなトニック・コードから別の和音に移り、またトニック・コードに戻ってくる進行を**カデンツ**と呼びます。西洋音楽の文化圏では、カデンツのパターンを繰り返し聞かされることになります。T－D－Tの進行は、儀式などで「起立、礼、着席」にも使われるので、とりわけなじみのある和音進行でしょう。

カデンツのパターンを繰り返し聴くことで、そのパターンの**スキーマ**と呼ばれる無意識的な知識が形成されます。スキーマが形成されると、無意識のうちに、カデンツのパターンの和音進行を予測しながら音楽を聴くようになります。予測通りの和音進行であれば素直に受け入れ、予測からはずれると違和感を覚えます。

「ドミソ」（T）のあとに「ソシレ」（D）が続く場合はすんなり受け入れますが、「ファ♯ラ♯ド♯」などが続くと、「なんか変だな」と思います。D－S－Tという進行は、西洋音楽ではあり得ない進行ですが、ブルースではよく利用されています。ブルースのスキーマを持っている人には、この和音進行からブルースらしさを感じ取ることができます。

図2-15 カデンツ：典型的な和音進行パターン

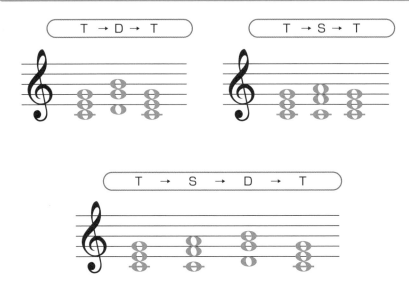

T：トニック・コード（主和音），D：ドミナント・コード（属和音），S：サブドミナント・コード（下属和音）

COLUMN コードネーム
....

　4つの三和音を英語で表現すると、長三和音はmajor（メジャー）、短三和音は
minor（マイナー）、減三和音はdiminish（ディミニッシュ）、増三和音はargument
（オーギュメント）となります。ポピュラー音楽で利用されているコードネームは、根
音の音名と三和音の英語表記で、三和音の区別をします。例えば、Cを根音とする長
三和音はC（シー）、短三和音はCm（シー・マイナー）、減三和音はCdim（シー・ディ
ミニッシュ）、増三和音はCaug（シー・オーギュメント）と表現されます。

2-6

七の和音：複雑な響きをつくる

属七の和音、副七の和音を効果的に使う

三和音の3度上にもう一つ音を加えた和音を、「七の和音」といいます。七の和音を加えることで、さらに豊かな音楽表現が可能となります。とりわけ、「属七の和音」は、和音進行の中で大きな役割を果たすため、多用されます。

▶▶ 属七の和音はトニック・コードへの強い進行力を持つ

三和音の上に、根音から七度上の音を加えた和音を七の和音といいます。七の和音の中で、最もよく使われるのが**属七の和音**です。属七の和音は、ドミナントの和音「ソシレ」の短3度上に「ファ」を加えた和音です。

属七の和音の機能的特徴は、トニック・コードへの進む力がさらに強いことです。属七の和音からトニック・コードに進むことで、いかにも解決したという高い満足感が得られます。

▶▶ 副七の和音も20世紀以降好まれるようになってきた

三和音が音階上のすべての音で存在するように、七の和音も音階上すべての音の上で作り出せます（図2-16）。属七の和音以外の七の和音を**副七の和音**といいます。七の和音になったからと行って和音の機能は変わりませんが、長和音、短和音の性格はあいまいになります。

20世紀以降の音楽では、複雑な響きが好まれるようになり、副七の和音もよく使われるようになってきました。ジャズなどでも、副七の和音は効果的に利用されています。

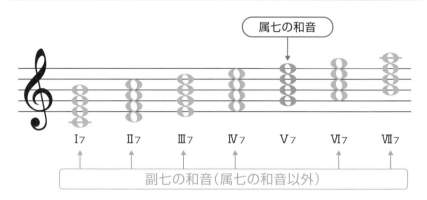

図2-16　ハ長調における七の和音

属七の和音

I7　II7　III7　IV7　V7　VI7　VII7

副七の和音（属七の和音以外）

COLUMN　セブンスコード

　Gを根音とする長三和音のコードネームは「G」で「ジー」と読みますが、Gを根音とする7の和音のコードネームは「G7」と書いて「ジー・セブンス」と読みます。Gを根音とする短三和音に7度上の音を加えた和音は、「Gm7」と書いて「ジー・マイナー・セブンス」と読みます。

第**3**章

音楽を奏でる
音の仕組み

　楽器の演奏音というのは、物理的には空気の振動です。空気の振動を音として認識するのは聴覚の働きです。聴覚が読み取るのは、音のスペクトル、エネルギなど音の物理的特徴です。聴覚が読み取った音の物理的特徴に基づいて、脳は音の大きさ、高さ、音色、音源の方向などの情報を得ます。そして、それらの情報を基にして、脳は音楽を感じるのです。

　本章では、音楽を作り出す音の物理的特徴、音を脳に伝える聴覚の働き、聴覚に伝えられた音から生ずる心理的な感覚について解説します。本章では、音響学についての知識を持っていない方でも理解できるように、基礎からやさしく解説しています。音響学の基礎的な知識を持っている方は、読み飛ばしてもらって結構です。

3-1

音の物理学

音の性質を特徴づけるさまざまな物理的性質

　音楽の演奏音は、物理的には空気の振動です。音として伝えられる空気の振動に、音圧、スペクトルなどの情報が含まれています。音楽に必要なピッチや音の大きさの変化や、多彩な楽器演奏音の表現も、音の物理的性質の違いに基づくものです。

▶▶ 純音：最も単純な音

　私たちのまわりにはさまざまな音がありますが、**純音**はそれらの中で、最も単純な音です。純音の波の形（**波形**）は、**正弦波**と呼ばれています。正弦波は、円が水平な線上をころがるとき、円のある一点がたどる軌跡によって描くことができます。この軌跡は、円の一回転ごとに、同じ形を繰り返します。正弦波のように同じ波の形を繰り返す性質のことを**周期的**といいます。

　図3-1に純音の波形を示します。図3-1の横軸は時間の経過、縦軸は**音圧**の変化を表します。音圧というのは、大気圧からの空気の圧力の変化のことです。大気圧というのは、音が生じていないときの大気の圧力のことで、普通は1013 hPa（ヘクトパスカル）程度です（大きな台風の時は950 hPaとかに下がりますが）。なお、Pa（パスカル）は圧力の単位で、h（ヘクト）は100倍を意味します。音圧は大気圧を基準にして定めます。縦軸の「0」は、空気の大気圧を示します。音圧は、0からプラス（＋）側に変化したり、マイナス（－）側に変化したりします。図3-1に示すように、音圧が＋側に変化した時点では圧力が上がり、空気の分子の密度が高まった状態になっています。音圧が－側に変化した時点では、空気の分子が疎らになった状態になっています。

▶▶ 純音は正弦関数で表現できる

　純音は、正弦関数（図3-2）を使うと、Asin（2πft）と表現できます。Aは**振幅**、fは**周波数**と呼ばれ、tは時間を表します。2πとは角度をラジアンという単位で表現したもので、2πは360度に相当します。純音（正弦波）の性質は、周波数（f）

と振幅（A）によって定まります。

　日常生活において電子音以外では純音を聞くことはあまりありません。しかし、楽器の音や人間の声など、私たちの回りにあるさまざまな音はいろいろな周波数の純音が足し合わさってできています。純音は音の最小構成要素なのです。

図3-1　純音の波形

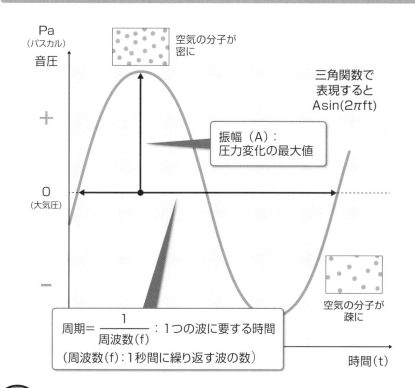

COLUMN　波長

　図3-1に示した純音の波形は、ある特定の場所で音圧の時間変化を示したものです。ある特定の時間において各場所での音圧の変化を示しても、横軸は場所になりますが、同じような図が描けます。音を場所の関数で表したとき、1周期に相当する長さを**波長**といいます。音は、常温では1秒間に340 m進みます。したがって、1 kHzの純音の場合、340 mの間に1,000個の波があることになり、波長（1つの波の長さ）は34 cmとなります。

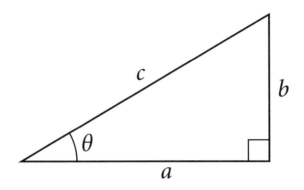

図3-2　正弦関数（sin θ）の定義

$$\sin\theta = \frac{b}{c}$$

a、b、cは三角形の各辺の長さで、
θは辺a、cの間の角度

▶▶ 純音の性質は周波数と振幅によって定まる

　周波数（f）は1秒あたりに振動する回数のことで、1秒あたりの波の数ともいえます。単位には**ヘルツ（Hz）**を用います。高い周波数の音にはキロヘルツ（kHz）という単位を用います。1 kHzは1,000 Hzに相当します。1秒間に100回振動する純音の周波数は、100 Hzとなります。周波数はピッチの感覚と対応します。周波数が高いほど、ピッチは高く感じられます。そして、周波数の逆数（$\frac{1}{周波数}$）を**周期**といいます。周期は1回の振動（一つの波）に要する時間ということになります。100 Hzの純音の周期は0.01秒です。人間が聞くことのできる周波数は20 Hz～20 kHzですが、歳をとると高い周波数帯域の音が聞えにくくなります。

　振幅（A）は、大気圧（0）からの圧力変化の最大値を表します。正弦波では、プラス方向もマイナス方向も、圧力変化の幅は同じです。振幅は音の大きさの感覚と対応します。振幅が大きいほど大きな音になります。

▶▶ 周期的複合音：倍音が組み合わさってできる音

　複合音は、純音が複数組み合わされてできています。複合音において、構成する純音（成分）の周波数が最低次成分の整数倍になっているとき、**周期的複合音**（**調波複合音**）といいます。周期的複合音の最低次の成分を**基本音**、その2倍の周波数の成分を第2倍音、その3倍の周波数の成分を第3倍音といった呼び方をします（n倍の周波数の成分を第n倍音と呼びます）。周期的複合音というのは、**倍音**が組み合わさった音で、図3-3（A）に示すように波形は周期的です。

　周期的複合音の波形は、基本音と同じ周期を持ち、基本音と同じピッチを感じさせます。ただし、基本音の周波数が等しくても、各倍音の振幅が異なれば、音色は異なります。逆に、周期的な波形の音は、いずれも倍音関係にある正弦波の和として表現できます（この関係は、**フーリエ級数展開**と呼ばれています）。

　n倍音からなる周期的複合音は、倍音関係にある純音（正弦波）を足し合わせてできていますから、$A\sin(2\pi ft) + B\sin(2\pi 2ft) + C\sin(2\pi 3ft) + \cdots N\sin(2\pi nft)$ と表現できます。A、B、C…Nはそれぞれ基本音、第2倍音、第3倍音…第n倍音の振幅を表します。各倍音の振幅が変わってくれば、波形も変わってきます。多くの楽器の音や人間の声は周期的複合音です。周期的複合音はピッチが明瞭な音なので、メロディやハーモニーを構成するのに適した音です。

▶▶ スペクトル

　周波数と各周波数成分のエネルギの関係を2次元で表示したものを、**スペクトル**と呼んでいます。図3-3（B）に示すように、各成分の周波数を横軸に、それぞれの振幅（あるいは音圧レベル）を縦軸にとって、スペクトルを図示することができます。スペクトルにより、その音の特徴として、どの周波数成分がどの程度エネルギ（この図では振幅で表示）を持っているかが表現できます。

　楽器や人間の声は、それぞれ固有のスペクトル構造を持っています。スペクトル構造は、楽器の音色を特徴づける重要な音響特性です。純音のスペクトルは、ある周波数に1本線が描かれたものとなります。純音とは、1つの周波数にエネルギが集中した音なのです。周期的複合音のスペクトルには、図3-3に示されているように、倍音の数だけ線が存在します。

図3-3 周期的複合音の波形とスペクトル

周期的複合音の波形

Asin(2πft)+Bsin(2π2ft)+Csin(2π3ft)

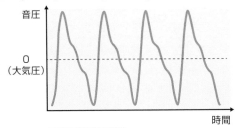

$$A:B:C=1:\frac{1}{2}:\frac{1}{4}$$

の場合の波形とスペクトル

周期的複合音のスペクトル

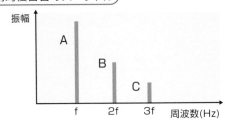

▶▶ うなり

　うなりというのは、2つの純音を同時に発生させたときに聞こえる、大きさの周期的な変化のことです。ギターなどの調律を必要とする楽器を演奏する人は、チューニングをするときに、うなりの現象を利用します。2つの音を合わせるとき、うなっている状態は、ピッチが合っていない状態です。うなりがなくなったとき、ピッチが合った状態になります。

　振幅が等しく周波数がわずかに異なる2つの純音を同時に鳴らすと、ある時点では音圧の変化が最大になる時点が一致します。この時点では、2つの純音が組み合わさった音の音圧の変化は各純音のものの2倍になります。しかし、時間が経過すると、2音間で音圧の変化が最大になる時点が次第にずれてきます。それにつれて、2つの純音が組み合わさった音圧の変化は小さくなっていきます。いつしか、片方の純音の音圧が最大になる時点ともう一方の純音の音圧が最低になる

時点が一致します。このとき2つの純音が組み合わさった音の音圧は、2つの音の音圧が相殺されて0（大気圧の状態）になります。その後は、2つの純音が組み合わさった音圧の変化は次第に大きくなり、また各純音の音圧変化の2倍になる状態に至ります。

　このような音圧の変化を繰り返すため、2つの純音が組み合わさった音の振幅は、図3-4に示すように、大きくなったり、小さくなったりを周期的に繰り返します。振幅の大小につれて、音の大きさも周期的に大きくなったり小さくなったりします。このような現象を「うなり」というのです。1秒あたりのうなりの回数は、2つの純音の周波数の差に一致します。うなっている音の周波数は、2つの純音の周波数の平均値になります。

図3-4　うなりの波形

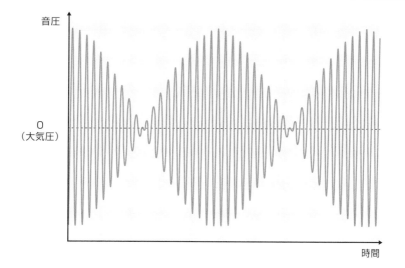

▶▶ ノイズ：無秩序な波形

　純音、周期的複合音のような周期的な音に対して、周期的でない音もあります。その一つが**ノイズ（雑音）**です。ノイズの音圧は不規則に変化しています。そのため、ノイズからはピッチが感じられません。図3-5にノイズの波形とスペクトルを示し

ます。

　ノイズのスペクトルは、純音、周期的複合音の場合と異なり、どこかの周波数にエネルギが集中するということはありません。広い周波数範囲に渡って連続的にエネルギが分布します。このようなノイズのスペクトルを**連続スペクトル**と呼びます。連続スペクトルに対して、純音や周期的複合音のようにある周波数にエネルギが集中するような線状のスペクトルに対しては、**離散スペクトル**という呼び方をします。

　周期的な複合音である楽器の音も、実はノイズを少し含んでいます。多くの楽器において、そのノイズ成分がないと、楽器演奏音が持っている独特の味わいが損なわれるのです。リズムを担当する打楽器などでは、わざとノイズっぽい音色にする工夫をした楽器もあります。ノイズは、音楽演奏音の味わいに、スパイス的な効果を与えている存在でもあるのです。

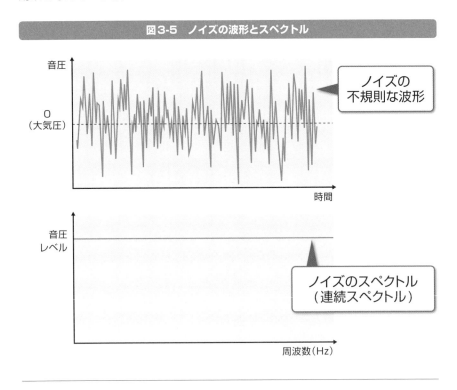

図3-5　ノイズの波形とスペクトル

> ## COLUMN　いろいろなノイズ
>
> 　ノイズにもいろいろな種類があり、それぞれスペクトルの形状が異なります。周波数間隔（Hz）あたりのエネルギが等しいノイズが**ホワイト・ノイズ**です。これに対して、音程（周波数比：例えば、オクターブ）あたりのエネルギが等しいノイズは**ピンク・ノイズ**と呼ばれています。ノイズにはある周波数帯域のみにエネルギを有するタイプのものもあり、**狭帯域ノイズ**とか**バンド・ノイズ**と呼ばれています。

▶▶ 音圧レベル

　音の大きさは、基本的には**音の強さ**（パワー）と対応し、音の強さが増せば音は大きく感じられます。音の強さは音圧の自乗に比例しますから、音圧波形の**実効値**（自乗平均値：2乗したうえで平均値を計算し、平方根をとった値）で音の大きさを表現できます。しかし、音圧（圧力の単位）で音の聞こえる強さの範囲を表すと、非常に広い範囲に及び、音の大小の感覚とも合いません。むしろ、音圧の桁数（0の数）との方が音の大きさの感覚とよく対応します。

　この対応関係をうまく表現する関数が**対数**（log）です。そのため、音の大きさを見積もる尺度として、対数の関数で変換した**音圧レベル**が用いられています（図3-6）。単位は**デシベル**（**dB**）です。音楽の**強弱記号**も、おおよそではありますが、音圧レベルと対応させることができます。p（ピアニシモ）で60 dB、f（フォルテ）で80 dB程度です（表3-1）。

　感覚量を対数尺度で表現するという考えは、**フェヒナーの法則**という心理学の理論に基づくものです。フェヒナーの法則は、「人間の感覚量は、刺激強度の対数に比例する」ことを述べたものです。私たちの聴覚は、小さな音もはっきり聞こえつつ、大きな音にもある程度耐えられるような構造になっています。音の大きさを見積もる音圧レベルは、このような人間の特性を反映させた尺度で、音圧の対数表現となっています。

表3-1　音楽の強弱記号と音圧レベルのおおよその対応関係

音楽の強弱記号	音圧レベル
fff(フォルティッシッシモ)	100 dB
f(フォルテ)	80 dB
p(ピアノ)	60 dB
ppp(ピアニッシシモ)	40 dB

図3-6　音圧レベルの定義

音圧レベルの定義

$$20\,log_{10}\left(\frac{P_e}{P_{e0}}\right)$$

音圧の実効値

$$P_e = \sqrt{\frac{1}{T}\int_0^T P^2(t)dt}\quad Pa$$

T：測定時間

音がほぼ聞こえなくなる音圧の実効値

$$P_{e0} = 2\times10^{-5}\quad Pa$$

Pa：パスカル(音圧の単位)

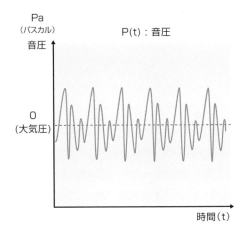

Pa
(パスカル)

音圧

P(t)：音圧

0
(大気圧)

時間(t)

COLUMN **対数の定義**

　対数というのは、比が一定である関係を差が一定の関係に変換する関数です。対数の定義は、x＝a^y　←→　y＝log$_a$x(x：真数、a：底、y：べき指数＝対数)と表現できます。底のa＝10とした場合は、x＝10^y　←→　y＝log$_{10}$xとなります。この条件では、x＝1、10、100、1000、10000、100000に対して、y＝0、1、2、3、4、5となり、比が一定(10倍)の関係を差(1ずつ)が一定の関係に変換されていることがわかります。音圧レベルの場合も底は10にしています。

3-2

音の生理学

音を感じる聴覚の仕組み

音を知覚し、音楽を理解するのは脳の働きによるものです。空気の振動を脳で処理可能な電気信号に変換するのが聴覚の役割です。空気の振動が鼓膜に伝わり、鼓膜の振動が蝸牛の働きにより電気信号に変換されます。音楽演奏音を楽しむことができるのも、聴覚の働きのおかげです。

▶▶ 耳の中での音の伝達

図3-6に、耳介（耳たぶ）から蝸牛に至る聴覚における音波の伝搬径路を示します。音は耳介で集められ、外耳道を通って、鼓膜に達します。鼓膜は、空気の振動によって、太鼓の膜のようにしなやかに振動します。そして、鼓膜の振動は、耳小骨と呼ばれる3つの骨（ツチ骨、キヌタ骨、アブミ骨）を運動させて、蝸牛といううずまき状の器官に伝達します。

蝸牛は固い骨で覆われ、中はリンパ液で満たされています。空気の振動をそのままリンパ液に伝達すると、ほとんど逆方向に反射してしまいます。中耳の鼓膜と耳小骨は、空気の振動を効率よく蝸牛のリンパ液に伝える役割を担っています。

蝸牛に振動を伝えるアブミ骨は、鼓膜の面積に比べると、非常に小さい面積で蝸牛の入り口である前庭窓に接しています。鼓膜と前庭窓の面積の違いによって、振動を増幅して伝達することができるのです。ちょうど、ハイヒールのかかとで足を踏まれる方がスニーカで踏まれるよりもはるかに痛い思いをするように、小さな面積に力を集中させると大きな力を伝えることができるわけです。また、耳小骨はテコのように動き、大きな力を伝えるのに貢献しています。鼓膜と前庭窓の面積比と耳小骨のテコの原理により、音のエネルギが効率よく蝸牛のリンパ液に伝わるのです。

図3-7　聴覚の仕組み（耳介から蝸牛に至る径路）

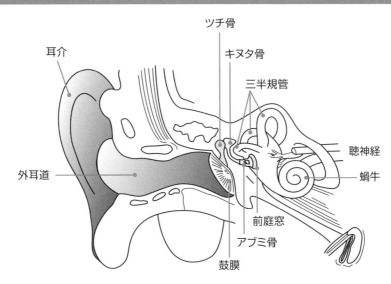

ツチ骨

キヌタ骨

三半規管

耳介

聴神経

蝸牛

外耳道

前庭窓

アブミ骨

鼓膜

三浦種敏監修, 新版聴覚と音声, コロナ社, 1980, 25頁, 図1.25

▶▶ 蝸牛の働き：振動を電気信号に変える変換装置

　蝸牛は、音によって伝えられた振動を電気信号である**神経インパルス**の情報に変換する器官です。図3-8に蝸牛の断面を示します。蝸牛の中は、**前庭膜（ライスネル膜）**と**基底膜**によって、リンパ液が分割されています。ただし、蝸牛の先端では、蝸牛の壁と基底膜の間に**蝸牛孔**と呼ばれる狭い隙間があり、基底膜は宙ぶらりんの状態です。音による振動がリンパ液まで伝わると、基底膜の上下で圧力差が生じ、基底膜が波状にゆさぶられます。

　基底膜の上には、**内有毛細胞**、**外有毛細胞**と呼ばれる先端に毛のある細胞が乗っかっています。外有毛細胞の毛は基底膜の上にある蓋膜に接していますが、内有毛細胞の毛は蓋膜には接していません。基底膜が動くと、蓋膜と内有毛細胞の毛の間にズレが生じます。その結果、内有毛細胞の毛が傾いて、内有毛細胞の興奮を引き起こします。この興奮により、**聴神経**の**ニューロン**が神経インパルスと呼ばれる短い電気信号（図3-9）を発生させます。この神経インパルスが脳に伝わって、

脳の中で「音」として認識されるのです。

図3-8　蝸牛の断面図

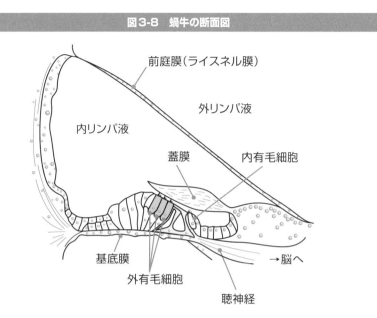

William A. Yost, Foundations of Hearing, 5th edition, Academic Press, 86p, 2013, Figure 7.3

図3-9　神経インパルス

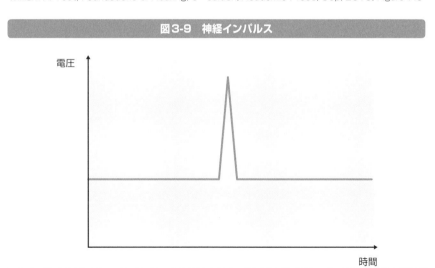

　外有毛細胞は、内有毛細胞と違って、神経インパルスを発火させることはありません。外有毛細胞は、基底膜の振動に伴い伸び縮みの運動を行い、リンパ液の動きを活性化させます。その結果、内有毛細胞の毛の運動も増幅され、音に対する感度が上昇します。外有毛細胞は、小さい音に対しては大きく運動しますが、大きな音に対しては運動を控えます。その結果、人間の聴覚は鋭い感度と高い周波数分解能力を備えることができます。

COLUMN　聴覚の起源は平衡感覚

　　図3-7の聴覚の仕組みを表した図において、「三半規管」と呼ばれる器官があります。三半規管は、聴感覚ではなく、身体の傾きや移動などを感知する平衡感覚を担っています。聴覚の仕組みは平衡感覚を担う器官の一部が変化し、発達してできたものです。そのため、聴覚と平衡感覚を担う器官が非常に近い位置に備わっているのです。

3-3

音の心理学

音から感じるさまざまな印象

　楽器から発生された空気の振動は、聴覚の働きによって脳に伝えられ、音として認識されます。聴覚に入力された音の情報をもとに、脳は音の大きさ、ピッチ、音色、音の方向、音が鳴っている時間といったさまざまな音の性質を受け取ります。そのような脳の働きにより、演奏音に表現されたさまざまな音響的な性質を手がかりにして、多彩な音楽表現を楽しむことができるのです。

▶▶ 音の大きさ

　音楽では、p（ピアノ）、f（フォルテ）といった強弱記号を使って、音の大きさを表現します。この強弱記号でppp、pp、p、mp、mf、f、ff、fffと並べたり、音響機器でボリュームやフェーダーで調整できたりするように、感じられる音の大きさを直線上に並べることができます。音の大きさは「大きい－小さい」という反対の形容詞を両端とした尺度で表現できる**1次元的**な性質なのです。

　音の大きさは、音の持つパワー（あるいはエネルギ）と対応します。パワーが大きいほど音は大きくなり、パワーが小さくなると音は小さくなります。また、音圧レベル（3-1節参照）という尺度は、人間が感じている音の大きさをかなり良く近似した尺度になっています。

▶▶ 音の高さ（ピッチ）

　音楽では、ピッチの違いを、楽譜の上下に沿って表現します。音の高さ（ピッチ）の感覚も、音の大きさの場合と同様に「高い－低い」という尺度上に並べることができるので、1次元的な性質であるといえます。音の高さと対応するのは、純音の場合、周波数（1秒間に振動する回数）です。周期的な複合音の場合、基本周波数（一番低い成分の周波数）が対応します。

　ただし、音の高さには、直線的に上昇する感覚とともに、オクターブ上昇するとまた元にもどったように感じる循環的なピッチ感も存在します。楽器で音階を上昇

第3章　音楽を奏でる音の仕組み

（下降）させ続けると、直線的なピッチの上昇（下降）とともにグルグル回り続けるようなピッチ感が得られます（第4章参照）。

▶▶ 音色

　音色という聴覚的な性質は、大きさ、高さと違って、1つの尺度上に順番に並べること（1次元的に表現すること）はできません。音色を表現するためには、「明るさ」「きれいさ」「豊かさ」などさまざまな表現を必要とします。そのため、音色は**多次元的**であるといわれています。

　また、物理量との対応関係も複雑で、対応する物理量は1つではありません。音色と対応すると考えられる物理量を列挙すると、スペクトル、音の立ち上がり、減衰特性、定常部の変動、成分が倍音関係にあるか、倍音からずれているか、ノイズ成分の有無など多岐に渡ります。音色に影響する音響的性質が豊富なおかげで、音楽を聴くときも、さまざまな楽器の多彩な音色を味わうことができるのです。

　さらに、音色の特徴として、何の音であるかを聞き分ける**識別的側面**と音の印象を形容詞などで表現する**印象的側面**の2つの面があることがあげられます。オーケストラを構成するさまざまな楽器の音色を楽しむことができるのは、それぞれの楽器の音色を識別できるからです。また同じ楽器からでも、さまざまな表現がされた演奏音を楽しむことができるのは、「輝かしい」「柔らかい」「豊かな」といったさまざまな印象を感じることができるからです。

▶▶ 音の方向定位

　私たちには、目と同じように、左右に一つずつ耳があります。そして、2つの耳に入ってくる音のわずかな時間差および強度差を手がかりにして、音がどの方向からやってきたのかを認識しています。オーケストラの演奏を聴いて、左からバイオリン、右からコントラバスの音が聞えるのも、2つの耳の働きのおかげです。

　遠くで災害が起こったり、外敵が襲ってきたりしたときでも、音の情報によってその方向がわかります。そこから、逃れるといった行動がとれるのは、聴覚の方向知覚能力があるからです。耳が2つあるのは、人間が生き延びるための生態学的理由によるものですが、2つの耳は音楽を楽しむときにも役立っているのです。

　前から聞こえる音と後ろから聞こえる音、上から聞こえる音と下から聞こえる音では、両耳の間に音響的な差は生じません。音の前後、上下方向を聞き分けるためには、**両耳間の差**は役に立たないため、別の手がかりを用いる必要があります。その手がかりとは、頭部と耳介の形状の周波数特性（**頭部伝達関数**）によって生ずるスペクトル形状の変化です。

図3-10　両耳間に生ずる時間差と強度差

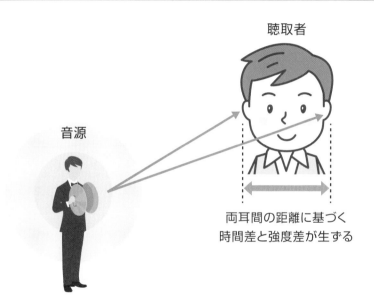

聴取者

音源

両耳間の距離に基づく
時間差と強度差が生ずる

▶▶ 音の広がり感

　両耳がもたらす情報は、音源の方向情報だけではありません。音が鳴っている音場の情報も伝えてくれます。私たちは、コンサート・ホールなどで音楽を聴くとき、その音場から、**音の広がり感**あるいは**音の空間性**といった印象を感じています。

　広がり感は、横方向からのエネルギが占める割合が高いほど、両耳間の音響情報が似ていないほど、大きくなります。両耳に入る音が完全に同時に入り、まったく同じ音だと、広がり感は得られません。広がり感は、楽譜の上には現れませんが、音楽演奏の仕上げをするソースのような存在と言えるでしょう。音の空間性の情

報によって、私たちは豊かな演奏音を楽しむことができるのです。

▶▶ 時間の感覚

　時間の感覚は、視覚、聴覚といった特定の感覚器によって感じるものではありません。刺激がなくても時間の感覚は生じます。時間を感じる特定の感覚器はありませんが、脳内には、小脳をはじめとして、**時間感覚**に関わる処理をしている部位があることが確認されています。

　音が鳴っている間の時間感覚と音が鳴っていない間の時間感覚は異なり、同じ時間でも、音が鳴っている時間の方が長く感じます。音楽のリズムやテンポの感覚は、時間感覚によってもたらされるのです。時間の感覚は、時間の芸術である音楽を認識する上で重要な役割を担っているのです。

COLUMN　マスキング

　ある音を聞いているとき、別の音によって、その音が聞こえなくなったり、聞こえにくくなったりする現象を**マスキング**といいます。一般に、妨害する音がより大きい場合、スペクトルが似ている（同じ周波数帯域にエネルギを有する）場合に、マスキングの効果が大きくなります。

第**4**章

音楽の土台を支える
ピッチ感覚

　ピッチ（音の高さ）の感覚は、音の3要素の一つとして重要な感覚ですが、音楽が伝えるメッセージの中でも、最も重要な情報を担っています。ピッチの違いは、楽譜の上では垂直方向の位置で表現しますが、半音きざみで細かく規定されています。音楽の3要素のうち、メロディとハーモニーの感覚は、ピッチの感覚に基づいて形成されます。ピッチの変化は、リズムの感覚を生み出すこともできます。ピッチの数を有限にする音階の構造は、ピッチの情報を体制化するために有効です。

　本章では、ピッチの感覚が生ずる過程、ピッチの感覚の特徴、ピッチの感覚を適用した音階の仕組みについて解説します。音階の仕組みは、メロディやハーモニーを作り出す拠り所となります。

4-1

基本音の周波数がピッチを決める

周期的複合音のピッチは基本音のピッチ

メロディやハーモニーを奏でる楽器の音や人間の声は、一般に、周期的な複合音です。周期的な複合音のピッチは、基本音の周波数で決まります。成分が一つしかない純音の場合、純音の周波数がピッチを決定します。

▶▶ 周期的複合音のピッチは基本音の周波数で決まる

メロディやハーモニーを奏でる楽器の音の多くは、周期的な複合音です。周期的複合音は、同じ波の形を繰り返す周期的な音で、整数倍の周波数の純音（倍音）で構成されています。

図4-1に、さまざまな周期的複合音のスペクトルの形状を示します。これらは、スペクトル形状は異なりますが、基本音の周波数は同一です。周期的複合音のピッチは、基本音の周波数で決定されます。したがって、図4-1に示された音のピッチはすべて同じです。これらの音の基本音（最も低い周波数の音）の周波数は f Hz で、これらの音のピッチは f Hz の純音と同じピッチです。ただし、スペクトル形状が異なるので、音色（聞いた印象）はそれぞれ異なります。ちょうど同じピッチの違う楽器の音のようなものです。

COLUMN **ビブラートはピッチを周期的に変化させること**

ビブラートとは、バイオリンや声楽などでも用いられる演奏技法で、ピッチを周期的に変化させることです。ピッチを変化させる回数は毎秒6〜7回程度で、ピッチの変化範囲は、バイオリンなどでは $\frac{1}{2}$ 半音、声楽などでは半音程度です。ビブラートがかかった音からは、ピッチの周期的な変動を感じると同時に、平均的なピッチも感じることができます。なお、ビブラートには、大きさを周期的に変化させるビブラートもあります。

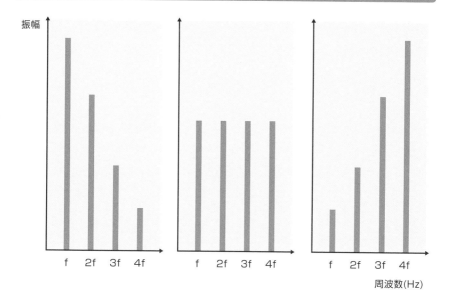

図4-1　さまざまな周期的複合音のスペクトル：基本周波数が同一なので、ピッチは同じ（音色は違う）

▶▶ 基本音がなくても、周期的複合音のピッチは基本音の周波数で決まる

　周期的複合音のピッチは、スペクトルの形状に関係なく、基本音の周波数によって決まります。基本音がない場合にも、倍音が聞こえれば、基本音の周波数に対応したピッチを感じることができます。低音が十分に出ないような小さいスピーカでコントラバスの演奏を聴いて、貧弱な音質ながらピッチはきちんと認識できるのは、聴覚のこのような性質があるためです。

　図4-2に図4-1の各音の基本音をなくした音のスペクトルを示します（なくした基本音を点線で示しています）。これらの音には、f Hzの基本音はありませんが、これらの音からはやはりf Hzの純音と同じピッチが感じられます。

図4-2 基本音のないさまざまな周期的複合音のスペクトル
(図4-1の各音の基本音をなくした)：基本音がある場合と同じピッチが感じられる

なくした基本音を点線で示す

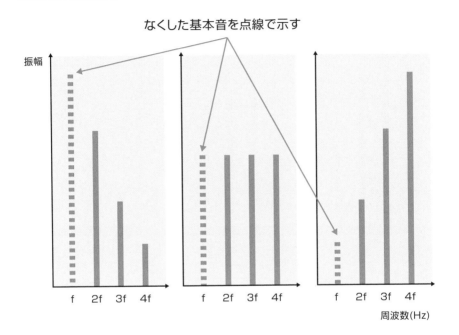

振幅

f 2f 3f 4f   f 2f 3f 4f   f 2f 3f 4f

周波数(Hz)

COLUMN スペクトル形状が違うと音色は異なる

　図4-1、図4-2に示された音は、基本周波数が同一なので、同じピッチの音です。しかし、スペクトルは違った形状をしているので、音色は異なります。高域が優勢な音 (図中右側の音) は「明るい」「鋭い」「固い」といった印象を生じさせます。低域の優勢な音 (図中左側の音) は「暗い」「鈍い」「柔らかい」といった印象を生じさせます。

4-2

ピッチを感じる聴覚の仕組み

基底膜の進行波がピッチを決める

　空気の振動は、蝸牛内の基底膜の進行波を生じさせます。そして、内有毛細胞の働きにより、基底膜の進行波のピークの情報が脳に伝わります。脳は、これらの情報をもとにピッチを知覚し、メロディやハーモニーを認知するのです。

▶▶ ピッチは基底膜が一番大きく揺れる場所で決まる

　楽器で演奏された音は、人間の耳に入り、鼓膜を振動させ、蝸牛の**基底膜**に**進行波**と呼ばれる、上下に動く波を生じさせます。図4-3に、基底膜の働きがわかりやすくなるように、うずまき状の蝸牛を引き延ばした様子を示します。進行波は、前庭窓から蝸牛孔の方へ伝わります。

　純音（単一の周波数の音）の場合、進行波は、一度大きくなってから次第に減衰します。進行波が一番大きく変位する場所は、周波数によって異なります。高い周波数の場合には進行波は耳小骨と接する前庭窓側で、低い周波数の場合には基底膜の先端側で最も大きくなります。

　基底膜の変位が最大になる場所の聴覚神経は、最も頻繁に神経インパルスと呼ばれるごく短い電気信号を発生（発火）します。脳は、頻繁にインパルスが発火する場所の情報をもとに、ピッチを感じるのです。そのピッチの感覚が、周波数と対応することになります。周波数が高いときの感覚が「ピッチが高い」、周波数が低い時の感覚が「ピッチが低い」感覚なのです。

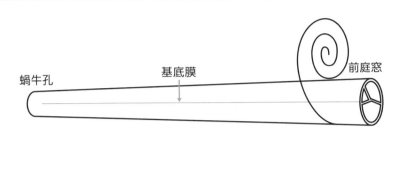

蝸牛孔　　　　　　　　　　　基底膜　　　　　　　　　前庭窓

低い周波数の純音が入力したとき

進行波

進行波が一番大きく変位する場所は周波数によって異なる

高い周波数の純音が入力したとき

進行波

▶▶ スペクトル・パターンからもピッチを感じることができる

　蝸牛に複合音が入ってきたときには、基底膜には成分ごとの進行波が生じます。その結果、基底膜には複数の進行波のピークが存在することになります。それぞれのピークは、各成分の周波数に対応した場所です。それぞれの場所の聴覚神経が興奮し、神経インパルスを発火します。脳は、この神経インパルスの発火の場所パターンの情報から、複合音のスペクトルの情報を知ることができます。

　脳は、基本音の情報に基づき、ピッチを感じます。基本音が欠けたときにも、脳は**スペクトル・パターン**から基本音を類推することができます。このような認識

過程により、周期的複合音の基本音が欠けたときにも、基本音のピッチを感じることができるのです。

▶▶ 聴覚神経の発火パターンもピッチを伝える

さらに、5 kHzよりも低い周波数の音の場合は、聴覚神経は音の周期と同期して神経インパルスを発火します。このときの**発火パターン**の時間情報も、ピッチを知覚する手がかりになっています。5 kHz以下の音では、スペクトル・パターンの情報と神経インパルスの時間情報が総合されて、ピッチが知覚されるのです。周期的複合音の周期は、基本音の周期と一致しているので、時間情報から得られるピッチは基本音から得られるピッチと一致します。

ただし、5 kHz以上の高い周波数の音の場合には、聴覚神経の発火パターンは、基本音の周期とは同期していません。そのため、神経インパルスの時間情報からはピッチの情報を得ることができません。基本音が5 kHz以上の場合には、スペクトル・パターンの情報のみから、ピッチが知覚されるのです。

COLUMN　フォン・ベケシーの功績とノーベル賞

「基底膜を伝わる進行波がピッチの情報を脳に伝える」という聴覚のメカニズムを解明したのは、ハンガリー出身の物理学者ゲオルグ・フォン・ベケシーです。ベケシーはこの研究で、1961年にノーベル生理学医学賞を授与されています。音響学の分野でノーベル賞を受賞しているのは彼だけです（2019年の受賞までの話）。

ただし、イグ・ノーベル賞受賞者には、音響関係者は結構います。犬の鳴き声の翻訳装置「バウリンガル」の開発者、声を少し遅らせて聞かせてうるさい相手を黙らせる「スピーチジャマー」の開発者、オペラ『椿姫』を聞かせることで移植したネズミの心臓が長持ちすることを示した研究者などです。

4-3

トーン・ハイトとトーン・クロマ：
ピッチの2つの顔

直線的なピッチ感覚と循環的なピッチ感覚

　ピッチの感覚には、2つの面があります。そのうちの一つが、周波数の上昇（あるいは下降）とともにまっすぐに上昇（あるいは下降）する直線的なピッチ感覚です。もう一つが、オクターブ上昇あるいは下降するたびに元にもどったように感じる循環的なピッチ感覚です。オクターブとは、基本周波数が2倍あるいは$\frac{1}{2}$倍になる音程（ピッチの隔たり）のことです。

▶▶ トーン・ハイトは直線的なピッチ感覚、トーン・クロマは循環的なピッチ感覚

　トーン・クロマと呼ばれる循環的なピッチ感覚は、音楽で重視されるピッチ感覚で、楽器で音階を何オクターブか連続的に奏でたときに実感できます。「ドレミファソラシドレミファソラシドレミファソラシド」とピッチの上昇が続く長音階の繰り返しを聞いたとき、直接的に上昇するピッチと同時に、オクターブ上の同じ階名（例えば「ド」）を聞いたときに、元に戻ったような感覚が得られます。この感覚がトーン・クロマです。そのため音楽で用いられる階名や音名は、「ドレミファソラシ」「ハニホヘトイロ」「CDEFGAB」とオクターブごとに同じ文字を使っているのです。

　一方、周波数の増加（減少）とともに直線的にピッチが上昇（下降）するピッチ感覚のことを**トーン・ハイト**と呼んでいます。図4-4にトーン・ハイトとトーン・クロマの関係を表します。ピッチの2面性により、音階を上昇する音はらせん状に上昇するように感じられるのです。

　オクターブというのは基本周波数が2倍（あるいは$\frac{1}{2}$倍）になる音程ですから、基本周波数が440Hzの音のオクターブ上は880Hz、オクターブ下は220Hzとなります。周波数という物理量の比が一定となる条件で、オクターブという等間隔のピッチ感覚がもたらされるのです。

図4-4　トーン・ハイトとトーン・クロマの関係を示すらせん

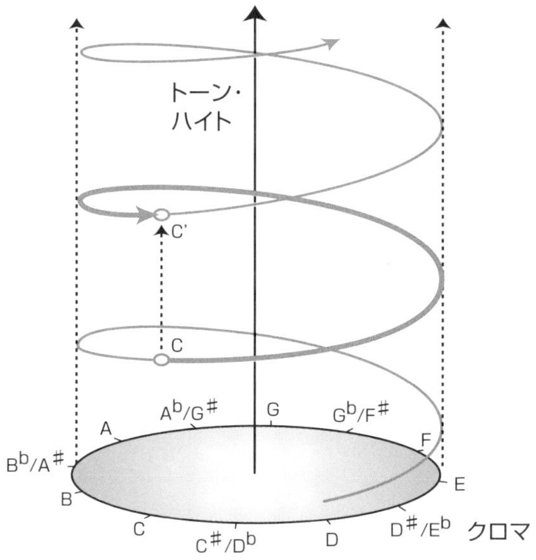

ダイアナ・ドイッチェ，音楽の科学（下），西村書店，1987，430頁，11章図1

▶▶ トーン・クロマの限界

　直線的なトーン・ハイトの感覚は20 Hz ～ 20 kHzの**可聴範囲**全域に及びますが、トーン・クロマの感覚は3 ～ 4 kHz以上の周波数帯域では弱まってきます。また、基本周波数が3 ～ 4 kHz以上の周期的な複合音では、オクターブの関係にある2つの音においても、オクターブの感覚がわからなくなってきます。その様子を、図4-4のらせん状の曲線の上方で円の直径が次第に狭まって直線のようになる様子でモデル化することもできます。

　トーン・クロマの感覚は、聴覚神経の発火パターンの時間情報に基づくと考えられています。低い周波数の音の場合には周期的な音の聴覚神経の発火パターンは音の周期の情報を維持していますが、周波数が高くなると発火パターンの周期性は弱まってきます。5 kHz以上の音の場合には、もう聴覚神経の発火パターンは音の周期情報を維持していません。オクターブ離れた音の類似性の感覚は、聴

覚神経の発火パターンから得られる，音の周期情報によってもたらされているのです。

　ピアノの最高音の基本周波数が4,186 Hzであるように、多くの楽器において４kHz以上の基本音の音を用いることはあまりありません（倍音は，もっと高い周波数まで及びますが）。音楽で用いられているピッチは、トーン・クロマの感覚が生じて、オクターブの類似性が成り立つ範囲の音に限られているのです。

▶▶ トーン・クロマと絶対音感

　楽器を演奏する音を聴いて即座にその音名を言い当てたり、楽譜上の音符を何の音も参考にせずに正しく発声できたりする能力を持った人がいます。こういった能力を**絶対音感**といいます。絶対音感を習得するためには、小さい頃からの音楽経験が必要です。絶対音感者が言い当てているのは、音名の「ハニホ（CDE）」のはずなのですが、多くの絶対音感者は階名の「ドレミ」で答えます。絶対音感者は、調が変わってもCの音をドと読む**固定ド唱法**で歌うのが得意で、調の変化に合わせてドになる音名が変化する**移動ド唱法**で歌うことが苦手なのです。

　そして、絶対音感が有効なのは、ピアノの最高音付近の４kHzぐらいまでのピッチの音に限られています。絶対音感者でも、それより周波数の高い音の音名の判定は難しいようです。絶対音感が有効な範囲は、ちょうどトーン・クロマの感覚が生じて、オクターブの類似性が成り立つ範囲に一致します。絶対音感が働くのは、トーン・クロマの感覚が生ずるピッチに対してなのです。

COLUMN　絶対音感者は耳がいいの？

　演奏音を聴いて即座に音名を言い当てる絶対音感保持者は、特殊な聴力をもった人間で、あらゆる聴覚能力が優れているように思われがちです。しかし、実際はそうとは限りません。例えば、純音を聞いてどれだけ小さな周波数差まで聞き分けられるかといった能力に関しては、絶対音感を持っていてもいなくても、たいして変わりません。

4-4

音階のしくみ：音の選択が調性感をつくる

長音階と短音階だけではなく

音階とは、音楽に使うことができるピッチの系列を指します。西洋音楽では、1オクターブの間に、半音ごとに隔たった12個の音があります。しかし、私たちがふだん聴いている長調や短調の音階では、そのうち7音のみが使われています。民族音楽などでは、5音のみが用いられた音階も広く利用されています。シェーンベルクが提唱した12音技法は、12音すべてを等しく用いる音階です。

▶▶ ドレミファソラシドを構成するもの

私たちがふだん聴いている音楽のメロディの多くは、西洋音楽の「ド、レ、ミ、ファ、ソ、ラ、シ」の階名のピッチで構成されています。音階とは、このようにメロディやハーモニーに使うことができるピッチのセットのことです。

西洋音楽において、現在普通に用いられる音階は主として**長音階（長調）**と**短音階（短調）**ですが、オクターブ内の12音のどの音名の音から開始するかによって区別されます。たとえば、「ハ」から始まる長調は「ハ長調」、「イ」から始まる短調は「イ短調」といいます。

▶▶ 長音階と短音階：明と暗を分けるダイアトニック・スケール

長音階、短音階とも7つの音で構成されています。このような7音から構成される音階を、**全音階（ダイアトニック・スケール）**と呼んでいます。一般に、「明るく」「陽気な」「楽しい」雰囲気の楽曲は長音階、逆に「暗く」「陰気な」「悲しい」雰囲気の楽曲は短音階で作られています。図4-5に示すように、長音階は「ドレミファソラシド」、短音階は「ラシドレミファソラ」等の音列で構成されています。

音階の各音にはそれぞれ役割がありますが、始まりの音が一番重要な役割を果たすので、**主音**という名前がつけられています。長音階では「ド」、短音階では「ラ」が主音になります。7つ目の音の次も、また主音に戻ります。主音の前にあって主

音に導く音を**導音**と言います。長音階では、導音（シ）は主音（ド）の半音下ですから、導音はスムーズに主音に導くことができます。短音階では、導音と主音が「ソ」と「シ」の全音の関係ですから、「ソ」の導音としての力は少し弱くなります。そこで、短音階には導音の効果を高めるために「ソ」を半音上げた**和声短音階**、和声短音階でファとソの音程が広がりすぎるのを補正するために上行するときに「ファ」も半音上げた**旋律短音階**があります。旋律短音階は、下降するときには、ソの音もファの音も元に戻します。こういった補正を一切していない短音階を**自然短音階**といいます。

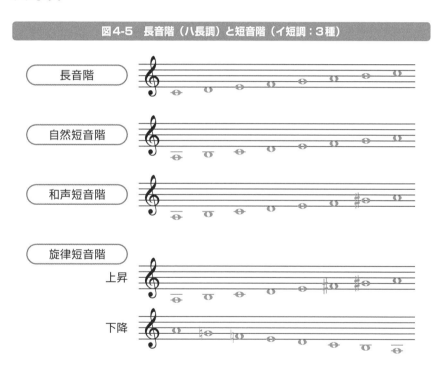

図4-5　長音階（ハ長調）と短音階（イ短調：3種）

調を知らせる調子記号

　長音階で作られた曲は長調、短音階で作られた曲は短調といいます。ハ長調は、ハの音を主音（ド）とした長音階で作られます。ニ短調は、ニの音を主音（ラ）とした短音階で作られます。ハ長調とイ短調（自然短音階の場合）は、ピアノの白

鍵の音だけで演奏できる調です。

　ハ長調とイ短調以外では、音階上に♯や♭のついた音が登場するので、ピアノの黒鍵も利用します。そのことを表現するために、楽譜上にシャープ（♯）やフラット（♭）をつけます。「ト（G）」から始まる長音階を構成するためには、「ヘ（F）」の音に♯をつける必要があります。「ヘ（F）」から始まる長音階を構成するためには、ロ（B）の音に♭をつける必要があります。こういった調の違いを指示するために、音部記号の右の変化する音の位置に♯、♭を記述します。ト音記号の楽譜では、ト長調の場合は五線譜の一番上の線に♯、ヘ長調の場合は真ん中の線に♭を書きます（図4-6）。こういった♯、♭を**調子記号（調号）**といい、この曲全体のその音名の音が半音変化することを示します。

　ト長調は♯1つの調子記号ですが、ニ長調は♯2つ、イ長調は♯3つの調子記号になります。同様に、ヘ長調は♭1つ、変ロ長調は♭2つ、変ホ長調は♭3つの調子記号になります。なお、**変**は♭のついた音名を示します。「変ホ」は「ホ」の半音下の音です。シャープのついた音は**嬰**で表します。「嬰ヘ」は「ヘ」の半音上の

図4-6　ト長調、ニ長調、イ長調、ヘ長調、変ロ長調、変ホ長調の調子記号（調号）

ト長調（ホ短調）　　ニ長調（ロ短調）　　イ長調（嬰ヘ短調）

ヘ長調（ニ短調）　　変ロ長調（ト短調）　　変ホ長調（ハ短調）

音です。なお、ト長調とホ短調、ニ長調とロ短調、イ長調と嬰ヘ短調、ヘ長調とニ短調、変ロ長調とト短調、変ホ長調とハ短調は、同じ調子記号を用います。

▶▶ 音階上での各音の役割

　音階で最も重要な役割を果たすのが主音で、その前の音を導音と呼びますが、音階の他の音にもそれぞれ役割があり、役割に応じた名前がつけられています。図4-7に示すように、ダイアトニック・スケールの各音は、主音、上主音、上中音、**下属音**、**属音**、下中音、導音と名づけられています。

　長調でも、短調でも、主音について重要な音は、主音の完全5度上の属音です。長調ではソ、短調ではミの音が属音です。主音より完全4度上の下属音（長調ではファ、短調ではレ）はその次に重要な音で、主音と属音の補助的な役割を担います

図4-7　ダイアトニック・スケールの7つの音の名前（ハ長調、ニ短調）

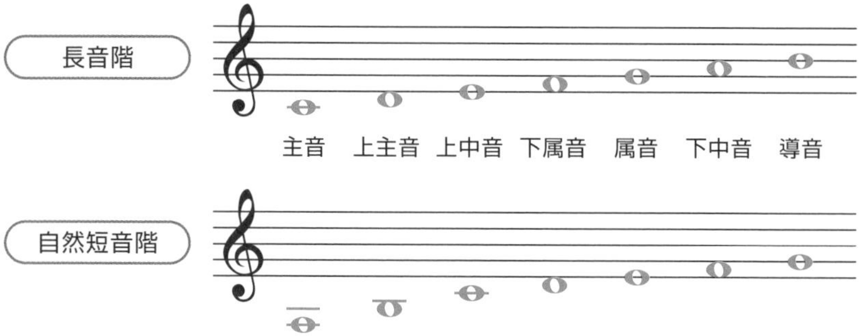

主音　上主音　上中音　下属音　属音　下中音　導音

COLUMN　テトラコルド

　音階の違いを論ずるためにオクターブを単位にして論ずることが多いのですが、完全4度の音程の**テトラコルド**（**テトラコード**）を単位にして論ずる手法もあります。例えば、長音階は「ドレミファ」と「ソラシド」という、2つの「全音→全音→半音」という音程関係をもったテトラコルドの組み合わせと解釈できます。

世界に広がる5音音階（ペンタトニック・スケール）

　音階は全音階（ダイアトニック・スケール）だけに限りません。世界にはさまざまな音階があります。民族音楽といわれるものの多くが、1オクターブ内に5つの音を持つ**5音音階**（ペンタトニック・スケール）です。日本音楽で用いられる民謡音階、琉球（沖縄）民謡で用いられる琉球音階、中国で用いられてきた五声、スコットランド民謡など、いずれも5音音階です。5音音階の文化は世界中に存在するのです。

　長音階のファとシの音を除いてできる「ドレミソラ」の5音音階を、**四七（ヨナ）抜き長音階**と呼びます。同じ構成音を使ったラから始まる「ラドレミソ」の音階は、**二六（ニロ）抜き短音階**となります。四七抜きおよび二六抜きの音階は日本人が好む音階で、童謡や歌謡曲などにも多く用いられています。図4-8に、四七抜き長音階、二六抜き短音階を示します。

　四七抜き・二六抜き音階は、スコットランド民謡『ほたるの光』、賛美歌『アメイジング・グレイス』や、ドボルザークの交響曲第9番『新世界より』第2楽章をもとにした『家路』などで使用されています。日本の曲でも、坂本九の『上を向いて歩こう』などの他、AKB48の『恋するフォーチュンクッキー』、きゃりーぱみゅぱみゅの『にんじゃりばんばん』など、多くの曲で使われています。四七抜き・二六抜き音階は、日本の伝統音楽と西洋音楽をつなぐ存在として愛されてきました。今でもいろいろなところで活用されています。

図4-8　四七抜き長音階、二六抜き短音階（ハ長調、ニ短調）

▶▶ 教会旋法：全音階のそれぞれの音から始まる音階

　中世の教会音楽においては、全音階上のそれぞれの音を主音とした、**教会旋法**
（**チャーチ・モード**）という音階がありました。教会旋法には、ドからまるイオニアン、
レから始まるドリアン、ミから始まるフリジアン、ファから始まるリディアン、ソ
から始まるミクソリディアン、ラから始まるエオリアン、シから始まるロクリアン
の７つの音階があります（図4-9）。教会で歌われていたグレゴリア聖歌は、教会
旋法で作られています。教会旋法のうち、イオニアンは長音階、エオリアンは自然
短音階として、今でも広く使われています。

　教会旋法の長音階および短音階以外の音階は、あまり使われなくなっていまし
た。そんな教会旋法がジャズの世界で復活しました。1958年にマイルス・デイ
ビスが、教会旋法を使って『マイルストーンズ』を発表したのです。マイルス・デ
イビスは、教会旋法を用いて、ジャズに革新をもたらしました。教会旋法を用いた
ジャズは、**モード・ジャズ**と呼ばれています。

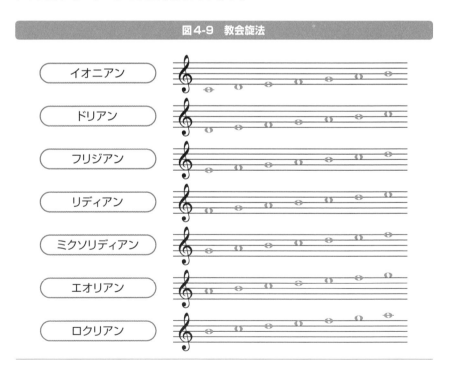

図4-9　教会旋法

メロディにエキゾチックな雰囲気を出すために教会旋法を用いたポピュラー・ソングもいくつかあります。短調に似た雰囲気を持つドリアンは、サイモンとガーファンクルの『スカバロー・フェア』や、ビートルズの『エリノア・リグビー』などでも用いられています。

▶▶ 12音技法：調性感を否定した音階

　長音階、短音階のような音階に基づく曲の場合、主音（「ド」あるいは「ラ」）を中心に楽曲が展開されます。しかし、転調を多用するなどして音楽の構造が複雑になると、どの音が主音なのかわかりにくくなります。20世紀に入ると、このような調性感の希薄な音楽が多く作られるようになってきました。長らく音楽のよりどころとなってきた**調性**の概念が崩壊し、**無調音楽**も出現しました。その行き着く先が12音を等しい確率で登場させる12音技法だったというのは、ごく自然な展開でした。

　12音技法は、シェーンベルクという現代音楽の作曲家によって提唱されました。この技法では、オクターブの12音を等しい確率で登場させる原理に従って、楽曲を構成します。12音技法では12音が等しい確率で登場するので、調性音楽のように主音だとか属音のように音の間に序列が生ずることはありません。導音も必要ありません。12音が対等な立場になるので、調性感から解放されるのです。調性音楽が主音を中心とした封建主義的であるのに対して、12音技法は音にとっては民主的な技法だといえるでしょう。

　ただし、12音が等確率で出現するということは、12音がランダムに登場するようなものです。そんな音列は、無秩序な印象になりがちです。そこで、12音技法では、一定の秩序を保つために、12音を1回ずつ登場させた音列を一つ作り（原型）、音列を逆に並べた逆行型、音程変化の方向を反転した反転型、反転型の逆行型などの操作を経た音列を繰り返します（図4-10）。ただし、現代音楽などになじみのない一般の聴衆にとって、聴いただけでこのような秩序を理解するのは難しいでしょう。

図4-10 12音技法に基づく音列（原型、逆行型、反転型、反転逆行型）

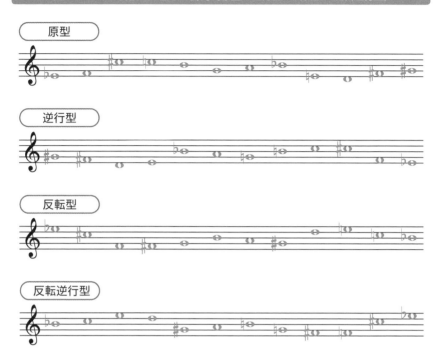

第 **5** 章

音楽の流れをつくる メロディ

　メロディは、音楽の3要素の一つとして、音楽の重要な情報を担っています。メロディは、楽譜の上では、音符の上下の動きによって形成されます。メロディの認知は、ピッチを感じる聴覚の過程から始まります。ピッチの情報を体制化するために、メロディは音階の構造に従います。人間は、ゲシュタルトの原理に従ってピッチの流れをくみ取り、旋律線をたどりながら、調性スキーマに従ってピッチ変化の秩序を読み取り、メロディとして認知します。

　本章では、音楽認知並びに音楽文化の基礎となる調性感の形成、ゲシュタルトの原理、音脈分凝などの心理現象について説明するとともに、メロディを認知する過程を解説します。

5-1

調を感じる

メロディは調性感に支えられている

ピッチの変化を知覚するだけでは、メロディとして認知することはできません。ピッチの変化をメロディという意味のある情報として認知するためには、メロディを理解するための認知的枠組みを必要とします。ピッチの変化をメロディとして理解するためには、調性感が重要なてがかりになります。ピッチの連なりから、長調や短調といった、調性を読み取ることになります。そして、調性の枠組みができあがると、各音が調性の中でどのような役割をしているのかの解釈を行います。このような処理は調性的体制化といわれるものです。

▶▶ 主音を感じる

調性にとって最も重要なのは、主音（音階の最低音）です。長調だと「ド」、短調だと「ラ」の音が主音になります。主音が定まることにより、メロディの理解がスムーズにできます。主音はメロディを理解するための基準点になっています。基準点や枠組みを定めることによって、安定した認知が可能となるのです。

そのため、メロディを聞いたとき、私たちは、できるだけ早く主音を決定しようとします。とりあえず、冒頭に聞こえる音を主音だと捉えます。ただし、続きの何音かを聞いているうちに、「その音が主音だとおかしいな」と違和感が生じると、いくつかの別の主音の候補を想定します。何度も登場する音も、主音としての強力な候補になります。調性感がはっきりした曲だと、7から8音目あたりにまでには主音が定まり、調もはっきりします。

▶▶ 調を感じるスキーマ

図5-1に示す楽譜は、いずれも、ピアノの白鍵だけで弾くことができるメロディです。シャープ（♯）やフラット（♭）の記号がないので、楽譜を見ただけだと、いずれも「ハ長調」あるいは「イ短調」と判断されそうです。しかし、実際に聴いてみると、それぞれ、a：ト長調、b：ヘ長調、c：ニ短調であることがわかります。

　ピッチの変化パターンから調を判断することができるのは、脳内に音楽を処理するための**スキーマ**と呼ばれる枠組みを持っているからです。スキーマは、意識して働かせているわけではないので、無意識的知識とも言われています。スキーマは、環境や学習によって形成されます。西洋音楽の影響を受けた音楽（**調性音楽**）の文化圏で育つと、西洋音楽の調性に関するスキーマを持った人間として成長します。そのスキーマに従って調を判断し、その調の枠組みでのピッチの変化パターンを解釈して、メロディを認知しているのです。

図5-1　♯や♭はないがト長調、ヘ長調、ニ短調と判断されるメロディ

フィリップ・ボール, 音楽の科学, 河出書房新社, 2011, 148頁, 図4.3

▶▶ ピッチの使用頻度が調性感を作る

　メロディは、複数のピッチの音から構成されますが、オクターブ中の各階名の音が同じ確率で登場するわけではありません（あくまでも調性のある音楽に限り、

12音技法など特殊な例を省いた場合）。図5-2に、シューベルト、シューマンの歌曲、モーツアルト、メンデルスゾーンのアリアの長調の楽曲における各階名の音の使用頻度を示します。図5-2によると、主音（ド）を根音とする長三和音のド、ミ、ソの使用頻度が高いことがわかります。また、レの使用頻度も同じ程度に高くなっています。レ#やソ#のように、ハ長調の音階にないような音の使用頻度は低くなっています。

　ド、ミ、ソの使用頻度が高いのは、これらの音がハ長調の性質を特徴づける音だからです。レの使用頻度が高いのは、使用頻度の高い主音のドと隣接しているためです。ピッチが変化するとき、大きな音程で印象づけることもあるのですが、大きな音程は1曲の中で多用はしません。多くの部分では、小さな音程が利用されているのです。そのため、使用頻度が高いドに隣接するレの使用頻度も高くなるのです。

図5-2　シューベルト、シューマンの歌曲、モーツアルト、メンデルスゾーンのアリア（いずれも長調のもの）の各階名の使用頻度

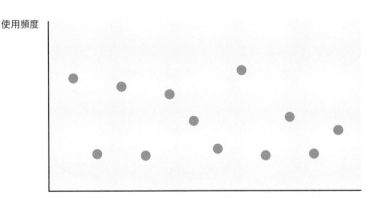

フィリップ・ボール, 音楽の科学, 河出書房新社, 149頁, 図4.4改変

▶▶ 全音階に合う音

「ド、レ、ミ、ファ、ソ、ラ、シ」の長音階、「ドミソ（T）→ファラド（S）→ソシレ（D）→ドミソ（T）」のカデンツ（コード進行）を聞くなど長音階の調性感を意識した後で、同じオクターブ内の12音のうち一つを聞いて、その音がどの程度長音階に合うか（適合するか）の判断を求める実験からも、調性の性質が確認できます。この実験では、西洋音楽の調性に関するスキーマが活性化されている状態で、各音がそのスキーマに受け入れられる音かを判断するわけです。

図5-3に、長音階に適合する度合いを7段階で評価した結果を示します。この図では、評価値が大きいほど、適合する度合いが高いということを示します。図5-3によると、主音のドの音に対する評価値が最も高く、次に評価値が高いのが完全5度上のソの音です。長3度上のミの音、完全4度上のファの音に対する評価値も高めで、レ、ラ、シの音に対する評価値がそれらに次ぎます。長音階に属

図5-3　各階名の音が長音階に適合する度合い

●長音階に適合する度合い
　7段階評価の結果（7：最も適合している）

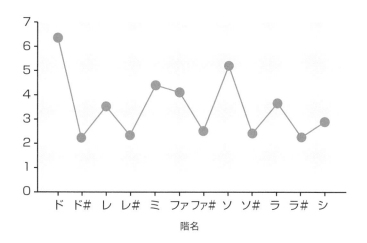

音楽知覚認知ハンドブック, 北大路書房, 75頁, 図3-4

する「ド、レ、ミ、ファ、ソ、ラ、シ」に対する評価値は、長音階にはない「ド#、レ#、ファ#、ソ#、ラ#」に対する評価値よりも高い傾向があります。

　図5-3で示された評価値は、長音階における各音の重要度を反映したものとなっています。主音のドは最も重要で、完全5度、完全4度、長3度の関係のある音も、長音階において重要度の高い音です。当然、長音階にない音は、重要ではない音になります。なお、最初に短音階を意識させるようにすると、主音や完全5度上の音などの評価が高いことは長音階と同様なのですが、長3度上よりも短3度上の音の方が評価値は高くなります。

　重要度の高い音だけを使ったメロディは、素直に受け入れやすいメロディになるのですが、どうしても退屈なメロディになりがちです。時には「#」がついた長音階にない音を使うことも効果的です。ただし、使いすぎると調性感が損なわれるので、注意が必要です。図5-2で、長音階にない音の使用頻度が、少ないながらも「0」にはならないのは、作曲家が音階にない音も効果的に使っているからです。

　音楽理論では、音階において重要度の高い音は、安定した音とされています。長音階のメロディの多くは主音（ド）で終わります。これは、長音階において、「ド」が最も重要で安定した音だからです。主音で終わらない曲もあるのですが、その場合でも、主音に次いで重要な完全5度や長3度の関係のある音で終わる曲がほとんどです。

▶▶ 調性感のあるメロディは記憶に残る

　メロディとして認知されたピッチの連なりは、パターン化されて記憶に残ります。調性的なメロディは自然と記憶に残りますが、調性感のないメロディは憶えるのに苦労します。調性的なメロディは、まとまりの良さ、自然さ、旋律らしさがあります。現代音楽のような調性感のないメロディからは、そういった性質を感じることはできません。

　調性感は、子供の頃に、ごく短い期間に無意識に習得されます。5歳の頃には、調に合う音と合わない音の区別ができます。ただし、精緻化された調性スキームの獲得には、もう少し時間がかかります。

　現在の社会においては、多くの人々が何らかの形で西洋音楽の文化に影響を受

けています。そのため、世界中の多くの人々が西洋音楽の調性スキームを習得していると考えられます。しかし、多くの人々が同時に各国独自の音楽文化の影響も受けています。その結果、自国の音楽の調性スキームも習得しています。日本人の場合、西洋音楽と日本の伝統音楽の両方の調性スキームを習得しているのです。四七抜き長音階、二六抜き短音階は、両方のスキームに合致した音階で、堅固なスキームが構成されていると考えられます。

COLUMN　移調しても同じメロディが聞こえる

　「移調」とは、ある調の曲のピッチを平行移動して、別の調にすることです。ある曲の音域が歌手に合わない場合などに、歌手の音域に合わせるために、移調が行われます。ハ長調のメロディをヘ長調やト長調に移調させると、全体的なピッチは変化しますが、各音間の音程関係は変わりません。そのため、移調しても、同じメロディだと認知することができます。メロディは、絶対的な音高（ピッチ）によって認識されるのではなく、相対的な音程関係によって認識されるのです。

5-2

まとまり（ゲシュタルト）を形成するピッチのパターン

ゲシュタルトの原理はメロディ理解にも適用される

メロディはピッチの変化から感じられるのですが、ピッチの変化がそのままメロディになるわけではありません。ピッチ（音の高さ）の変化を意味のある情報として解釈することによって、メロディが形成されるのです。人間は、感覚情報を受け取ったとき、まとまり（ゲシュタルト）のある事象として知覚しようとします。このような、まとまりを形成する情報処理を、群化または体制化といいます。ピッチの連なりを群化（グルーピング）、体制化することでメロディが形成されるのです。

▶▶ ゲシュタルトの原理

ゲシュタルトの原理は、もともとハ長調のメロディをト長調に移調しても同じメロディと認知できるような、聴覚の特性を理解するための枠組みを起源としています。しかし、ゲシュタルトの原理は、その後、視覚の特性を理解するための原理として体系化されました。

視覚に関するゲシュタルトを構成する要因として、図5-4に示すように、**近接の要因**（近くにあるもの同士が同じグループを形成する）、**類同の要因**（似ているもの同士が同じグループを形成する）、**閉合の要因**（互いに閉じ合う関係のものが同じグループを形成する）、**よい連続の要因**（なめらかな連続を形成するものが同じグループを形成する）などがあります。また、**経験の要因**（しばしば経験するものが同じグループを形成する）もゲシュタルトを構成する要因となっています。

ゲシュタルトの原理は、その後、聴覚にも適用され始めました。ピッチが近い音同士（近接の要因）、楽器の種類が同じとき（類同の要因）、ピッチの変化がなめらかな音の連なり（よい連続の要因）などで、ピッチの**群化（グルーピング）**がなされます。私たちが感じているメロディは、ゲシュタルトが形成された結果なのです。

図5-4 視覚に関するゲシュタルトを構成する要因

（A）近接の要因：近くにあるもの同士（●●）が同じグループを形成する

（B）類同の要因：似ているもの同士（●●と○○）が同じグループを形成する

（C）閉合の要因：たがいに閉じあう関係のもの（〔 〕）が同じグループを
形成する

（D）よい連続の要因：なめらかな連続を形成するもの（曲線と直線）が同じ
グループを形成する

▶▶ 高音部と低音部のメロディのまとまり

　ゲシュタルトの原理に基づくピッチのグルーピングは、不思議な現象を生み出すこともあります。ヘッドホンを使って、片方の耳に「ドシミソーミシド」という音列を提示し、もう片方の耳に「ドレラファーラレド」という音列を提示します（図5-5）。しかし、人間の耳には、そのようには聞こえません。片方の耳では「ドレミファーミレド」という低音部の音列、別の耳では「ドシラソーラシド」という高音部の音列が聞こえます。ヘッドホンを使っているので、左右の音が入り混じることはありません。ピッチの近い低音部同士と高音部同士が同じグループに分かれた結果、このような聞こえ方がするのです。

第5章　音楽の流れをつくるメロディ

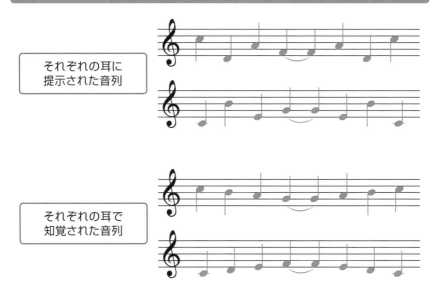

図5-5　両耳に与える「ドシミソーミシド」と「ドレラファーラレド」という音列と実際に聞こえる2つの音列「ドレミファーミレド」「ドシラソーラシド」

それぞれの耳に提示された音列

それぞれの耳で知覚された音列

　実際の音楽作品の中にも、不思議なグルーピングをする例があります。チャイコフスキーの交響曲6番『悲愴』の第4楽章冒頭部のファースト・バイオリンとセカンド・バイオリンの演奏が、そんな例の一つです。図5-6（A）に両パートの楽譜を示しますが、ともに広い音域に渡るフレーズで、ピッチは1音1音大きく変化します。この演奏を実際に聞いても、実際には各パートのメロディが個々に聞こえるわけではありません。図5-6（B）のように低音部と高音部の滑らかにつながった各メロディに分かれて聞こえるのです。両パートともにバイオリンで演奏されているので、音色の違いでグルーピングされることがなく、ピッチが滑らかにつながった音同士がグループを形成して、低音部と高音部のメロディが聞こえるのです。

図5-6 チャイコフスキーの交響曲6番『悲愴』の第4楽章冒頭部ファースト・バイオリンとセカンド・バイオリンの楽譜（A）と実際に知覚される各パートのピッチ（B）

（A）ファースト・バイオリンとセカンド・バイオリンの楽譜

（B）実際に知覚される各パートのピッチ

第5章 音楽の流れをつくるメロディ

COLUMN タイ

　図5-5および図5-6の楽譜には、音符と音符を半円状の曲線で示した記号（‿）があります。このような記号は**タイ**と呼ばれ、結ばれた2つの音符は、結ばれて1つの音のように演奏します。演奏時間は、結ばれた音符の合計の長さです。

5-3

音脈分凝：メロディが分離して聞こえるしくみ

ピッチの切り替えが2つの音の流れを生み出す

　ピッチが異なる2つの音を繰り返し聞くと、「ピポピポピポ」とピッチが変化する様子を感じることができます。ところが、ピッチの変化速度が上昇すると、「ピピピ」という高い音の音列と「ポポポ」という低い音の音列に分かれて聞こえてきます。このような現象を音脈分凝（ストリーム・セグリゲーション）といいます。ピッチが高い音どうし、低い音どうしがそれぞれゲシュタルトを形成した結果、2つの音脈が生ずるのです。

▶▶ 音脈分凝もゲシュタルト形成による

　ゆっくりとした速度で2つピッチの音を繰り返すと、図5-7に示すように、「ピポピポピポ」という感じでピッチの変化を感じることができます。ところが、2音のピッチが十分に離れている場合に限りますが、ピッチの変化が速くなると、「ピピピ」という高い音の繰り返しと「ポポポ」という低い音の繰り返しが分離して、2つの音列が聞こえてきます。このような現象を**音脈分凝（ストリーム・セグリゲーション）**といいます。高い音どうし、低い音どうしがそれぞれ知覚的なまとまりを形成した結果、このような音脈分凝が生ずるのです。

　音脈分凝が生ずるのも、近接の原理により、ゲシュタルトが形成されるからです。ピッチの近接した音どうしがまとまった流れを形成し、低音部と高音部が別々の流れとして聞こえるのです。ただし、音脈分業という現象は、テンポが速くないと生じません。テンポがゆっくりだと、ピッチの変化についていけるので音脈分凝は生じないのです。

　また、2つの音のピッチ間隔が2半音以下の場合には、テンポを速くしても音脈分凝は生じません。2つのピッチは分離せず、トリル（ある音と2度上の音を高速に交互に演奏する奏法）のような感じでピッチの変化が聞こえます。音脈分凝が生ずるためには、ピッチの間隔が十分に離れている必要があるのです。2つの音の

ピッチ間隔が3半音以上隔たっていなければ、音脈分凝は生じません。

図5-7　2つピッチの音の繰り返しから音脈分凝が生ずる様子

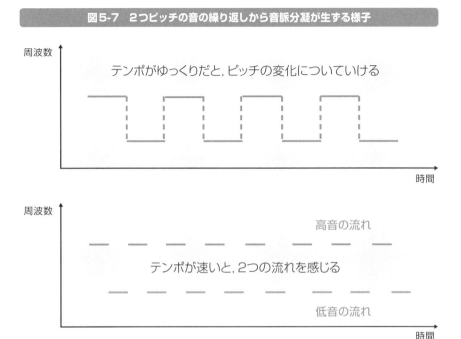

▶▶ 音脈分凝を活かした作品

　音楽作品の中にも、音脈分凝の現象を利用した作品もあります。ベートーベン作曲の『パイシェルロの主題による6つの変奏曲』には、速い速度でピッチの高い音と低い音を交互に演奏する部分があります。この曲を聞くと、音脈分凝によって、図5-8に示すように、別の演奏者が演奏している高音部と低音部のメロディのように聞えるのです。こういった技法は、**疑似ポリフォニー**または**複合旋律**として古くから用いられています。しかし、演奏速度を落とすと、音脈分凝が生じないため、2つのメロディには分離しなくなります。

図5-8　音脈分凝を活かしたベートーベン『パイシェルロの主題による6つの変奏曲』
の一部と分離して聞こえる高音部と低音部

ベートーベン『パイシェルロの主題による6つの変奏曲』の一部

分離して聞こえる高音部

分離して聞こえる低音部

COLUMN　音の大きさの違いによる音脈分凝

　音脈分凝という現象は、ピッチの違う2音だけではなく、音の大きさの違う2音に
おいても生じます。例えば、大きさの違う2音を交互に提示すると、大きな音の繰り
返しと小さな音の繰り返しの2つの音列が聞こえます。音の大きさの違いによる音脈
分凝を生じさせるためには、2音間に5 dB以上の音圧レベルの差を必要とします。

存在しない音が聞こえる

脳が勝手に音を作り出す

私たちの聴覚は、物理的に存在する音を聞きます。存在しない音は聞こえません。しかし、連続するメロディの流れの中で、ある音を消してノイズに置き換えても、もとのメロディが聞こえるのです。脳は、メロディを予測して、音を作り出しているのです。

▶▶ 存在しないものが見える、聞える

図5-8（A）は、いろいろなところが欠けてはいますが、ある英単語の文字列です。図5-8（A）を見て、何の単語が書いてあるかがすぐにわかる方は、あまりいないと思います。図5-8（B）は（A）の文字列の欠けているところに円を描いただけですが、（B）からはたやすく「ARCHERY」という文字列が読めるでしょう。（A）も（B）も、文字として見えている部分はまったく同じです。文字が欠けているだけだと、欠ける前の文字が何だったのかを予測することは困難です。しかし、文字の欠けている部分を円で覆い隠すと、欠けている部分を修復する能力が働くようになって、元の文字が予測できるのです。

人間の聴覚にも、同じような能力があります。**音韻修復**とか**音の補完**とか呼ばれる現象です。意味のある文章が読み上げられたとき、読まれた文章のどこかの部分を消去してノイズを入れても、元の文章がそのまま聞こえてくるのです。このような現象が起こるのは、存在しないはずの音が脳の中で修復されるからです。音の場合も、除去しただけでは修復はできませんが、ノイズを挿入することによって、修復能力が活性化されるのです。

図5-9　ARCHERYの字が読めますか？

(A)

(B)

▶▶ メロディにおける音韻修復

　音韻修復が生ずるのは、文章の朗読だけではありません。音楽でも、体験できます。図5-10に示したのは、ベートーベンの『エリーゼのために』の冒頭のメロディの楽譜です。この作品は、多くの人に知られている作品です。この楽譜中の楕円で囲んだ音符の音を消して、ノイズに置き換えます。そんなメロディを聞かされると、ノイズが邪魔にはなりますが、『エリーゼのために』の元のメロディは普通に聞こえます。存在しないDの音が聞こえてきて、メロディが修復されたかのように感じるのです。このとき、ノイズが鳴っていたことはわかりますが、不思議なことに、どの時点でノイズが鳴っていたのかはわかりません。音楽における音韻修復は、テンポが速めで、なじみのあるメロディ中の短い音符で生ずる現象です。

　あるはずのない音が聞えるのは、メロディの認識にトップダウン的な処理が関わっているからです。脳は、聞こえてきたピッチの変化パターンを、メロディ認識のスキーマに従って、意味のあるピッチ・パターンとして解釈します。このとき、この音がないとメロディとして解釈ができない音を、脳が補完して作り出すのです。音韻修復は、メロディが連続的につながっている箇所では起こりやすいのですが、メロディの転換点では起こりにくくなります。音韻修復は、よい連続の要因でゲシュ

タルトが形成されているメロディで生ずるのです。この現象により、脳の能動的な活動がメロディの認知を支えていることがわかります。

図5-10 音韻修復が生ずる『エリーゼのために』のメロディ：楕円で囲んだ音符を除きピンク・ノイズに入れ替えても元のメロディが聞こえる

この音符を除きノイズに入れる

第5章 音楽の流れをつくるメロディ

COLUMN 純音とノイズによる連続聴効果

　長い純音と短いノイズを交互に提示した場合、純音は途切れることなく連続して聞こえます。このような現象を**連続聴効果**と呼びます。純音の周波数が変化する場合にも、連続聴効果が生じ、ノイズが鳴っている間に予測される純音の周波数変化が知覚されます。

5-5
旋律線の繰り返しパターンによる体制化

メロディの基本はピッチの上下

旋律線というのは、隣り合う音のピッチの上下をつなげたピッチの変化パターンのことです。多少音が入れ替わっても、旋律線が保たれると、まとまりのあるメロディを感じることができます。

▶▶ ピッチの上下をつなげる旋律線

隣り合う音のピッチの上下をつなげることで、**旋律線**と呼ばれるピッチの変化パターンを表現することができます。もっとも単純な旋律線は、ピッチの上昇、維持、下降の3通りのみで表現されます。より詳しく旋律線を表現するときには、3半音上昇、5半音下降などといった、変化する音程の情報を加えることもできます。

図5-11（A）に示す「ドソミソ」「ドソミソ」といったピッチ・パターンの繰り返しは、旋律線パターンの繰り返しとして**体制化**されます。この例は、まったく同じ音列の繰り返しですが、（B）「ドソミソ」「シソレソ」のように多少音が入れ替わっても、上昇、下降、上昇という旋律線が保たれると、メロディにまとまりを感じることができます。

メロディの中で旋律線の方向が変化する音は、注意を引き付ける効果を持っています。そのため、旋律線の方向の変化の少ないメロディは、単純なメロディとして認知されます。

旋律線に基づくメロディの認知は、乳幼児の段階ですでに始まっています。もちろん、成人になっても旋律線に基づくメロディ認知は変わらず行われていますが、年齢とともに調性スキームを習得し、調性や和声的手がかりも活用してメロディを認知するようになります。

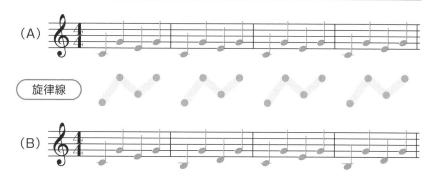

図5-11 「ドソミソ」「ドソミソ」（A）と「ドソミソ」「シソレソ」（B）のピッチ・パターンの繰り返し（上昇、下降、上昇という旋律線が保たれている）

▶▶ 交響曲第5番『運命』の「ジャジャジャ・ジャーン」

　旋律線によるメロディの認識は、このような単純なピッチ・パターンの繰り返しの認識だけではなく、楽曲の重要な要素である**主題（テーマ）**や**動機（モチーフ）**の認識にも重要です。動機とは、メロディの最小単位で、2小節からなるものが一般的ですが、1小節のものもあります。主題は、楽曲を作る上での中心となる短い一区切りの旋律のことで、動機よりも長いまとまりです。

　主題は、動機の変奏、対比、延長などによって作られます。主題や動機は、一つの楽曲の中で、音域、調、旋法、リズムなどを変えて、何度も出現します。旋律線を保ちつつ、メロディの要素を変化させることで、単調さを軽減しつつ統一感を保つことができます。

　交響曲第5番『運命』といえば、ベートーベンの代表作として知られていますが、冒頭に登場する「ジャジャジャ・ジャーン」という動機（図5-12）は、一度聴けば忘れられない強烈なフレーズです。「運命は、かく扉をたたく」を意味するといわれている「ジャジャジャ・ジャーン」は、この曲の全般に渡って、変奏を加えながら、しつこいくらいに登場します。これくらい聴かされると、印象にも残りますね。

図5-12　ベートーベン交響曲第5番『運命』第1楽章冒頭部の動機

COLUMN　旋律線は記憶に残る

　あるメロディを記憶させたのちに、別のメロディを提示して記憶したメロディと同じか違うかを問う実験において、メロディの記憶における旋律線の重要性が示されています。音楽経験の乏しい人は、旋律線が保たれていれば、元のメロディと音程関係が異なっているメロディも同じメロディだと答えることがあったそうです。この傾向は年齢が低くなるほど強くなったといいます。旋律線は、メロディを認知するさいの、最も基本的な情報なのでしょう。

5-6

ムードを一転させる転調

曲の途中で調が変わる

1つの曲の中で調が変化することを転調といいます。転調は、音楽表現をより豊かにする手法です。転調はいろいろな調の間で行われますが、調が変わる前と後で共通する音が多いと、自然な感じで転調できます。

▶▶ 『禁じられた遊び』の転調はムードを変える

ギターの名曲でナルシソ・イエペスの演奏で知られる『禁じられた遊び』（原題はスペイン民謡『愛のロマンス』ですが、『禁じられた遊び』の映画でテーマ曲として用いられました）の冒頭部は、哀愁を帯びたもの悲しいメロディに特徴があります。ところが、途中でガラっと陽気な雰囲気に変わる部分があります。

冒頭部が典型的な短調のメロディであったのに対して、途中から調が長調に変化しているのです。このような調の変化を**転調**と呼びます。単調な構成の曲ですが、

> **図5-13　『禁じられた遊び』のホ短調とホ長調のそれぞれのメロディ**
> **（メロディのみ4分音符で表示）：転調の例**

冒頭のホ短調のメロディ

ホ長調に転調したあとのメロディ

第5章　音楽の流れをつくるメロディ

転調により曲調に変化を与えることができています。この曲では、主音がホのまま、ホ短調からホ長調へ転調しています。図5-13に、冒頭のホ短調の部分のメロディと転調したあとのホ長調のメロディを示します。

▶▶ 自然に転調ができる近親調

転調はいろいろな調の間で行われますが、調が変わる前と後で共通する音が多く、自然な感じで転調できる調への転調が一般的です。元の調と共通する音が多く、心理的に近い関係にある調を**近親調**と呼びます。転調は、曲のムードを変えるのに効果的ですが、近親調への転調はその変化を違和感なく行える利点があります。意外性のある印象にするためには、近親調以外の調（**遠隔調**）への転調が効果的です。

図5-14　ハ長調のからみた近親調とその主音

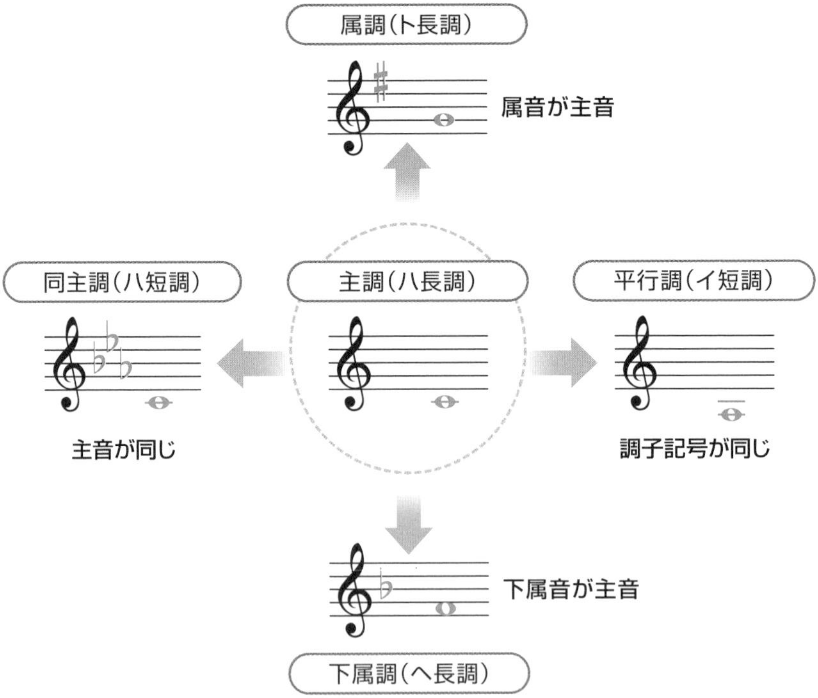

　近親調には、図5-14に示すように、**同主調**、**平行調**、**属調**、**下属調**の4種類があります。同主調は、主音が同じ短調と長調のことです。ハ長調に対しては、ハ短調が同主調となります。平行調は、調子記号が同じ短調と長調です。ハ長調に対しては、イ短調が平行調です。属調は、**主調**（元の調）の属音（完全5度上の音）を主音とする調です。ハ長調に対しては、ト長調が属調です。下属調は、主調の下属音（完全5度下の音）を主音とする調です。ハ長調に対しては、ヘ長調が下属調となります。例として取り上げた『禁じられた遊び』は、ホ短調からホ長調への転調ですから、同主調への転調ということになります。

▶▶ トラックドライバーのギアチェンジ

　ポピュラー音楽などでは、途中で突然にピッチが全体的に半音あるいは全音上昇する曲があります。こういった転調は、ギアを入れ変えたような印象を伴うことから、**トラックドライバーのギアチェンジ**とか**トラックドライバー転調**と言われています。

　スティービー・ワンダーの『アイ・ジャスト・コールド・ツゥ・セイ・アイ・ラブ・ユー』、マイケル・ジャクソンの『マン・イン・ザ・ミラー』、チェッカーズの『星屑のステージ』、MISIAの『Everything』、中島みゆきの『地上の星』などでこの種の転調を聴くことができます。このような曲では、転調したときに、突然に気分が高揚したような印象を感じます。

COLUMN　トラックドライバーのギアチェンジは転調か移調か？

　トラックドライバーのギアチェンジは、曲全体を半音あるいは全音上昇させることです。これは、形式的に考えれば、「移調」を行っているとも考えられます。ただし、トラックドライバーのギアチェンジは、曲の流れの中で曲調を突然に変化させますから、機能的には「転調」と考えられます。

5-7

メロディは記憶を促進する

歌詞とメロディが統合されて歌は記憶されている

メロディと詩が結びついて、「歌」が生まれました。メロディと言葉が不可分に結びつき一体化して、歌は脳に記憶されます。その結果、メロディに乗せることによって歌詞の記憶を促進し、歌詞をつけることによってメロディの記憶が強化されます。

▶▶ 音楽は歌うことから始まる

詩を朗読するときには、抑揚をつけ、リズムに乗せ、強弱のアクセントをつけます。詩の抑揚はそのままメロディになり、リズムや強弱のアクセントも融合して、**歌**が生まれました。詩と音楽は自然と結びついていったのです。

音楽のジャンルの中には、語っているのか、歌っているか、よくわからないものがあります。ミュージカルでは、語っているうちに歌になっているような展開もよく見られます。ラップの演奏も、語りが歌に移り変わる過程を再現してくれているようです。

▶▶ メロディと歌詞が一体となって記憶が強化される

メロディと歌詞が一体となり、脳に**記憶**されると、両者の結びつきが歌詞とメロディの記憶を強化します。その結果、歌詞を単独で憶えるときよりも、メロディをつけた方が歌詞をよく憶えられます。年号や英単語の暗記用教材として、歌を利用したものがありますが、メロディの記憶促進効果を利用したものです。コマーシャル・ソングも、商品の名前を心に刷り込むのに効果的です。また、メロディのみを憶えるよりも、歌詞をつけた場合の方がメロディをうまく記憶できます。歌においては、メロディと歌詞は、互いに記憶促進効果があるのです。

ただし、歌詞とメロディを入れ替えると、オリジナルの歌をそのまま聴いたときよりも、記憶成績が下がります。歌詞とメロディが別々に記憶されているのではなく、歌詞とメロディが統合されて記憶されているので、このようなことが起こるの

です。なお、脳の損傷などによって、メロディの記憶が失われても歌詞の記憶は残るなどといったこともあるので、歌詞とメロディが完全に一体化しているわけではなさそうです。

COLUMN　本当に歌詞は理解されているのか？

　歌は歌詞とメロディが一体化した存在ではあるのですが、歌詞の意味が正しく理解されているのかというと、そうではない場合もあるのです。中島みゆきの『悪女』というヒット曲に対して実施された「どのような悪女か？」という調査によると、半数以上の回答者が歌詞の意味を誤解あるいは無視していたというのです。「歌詞への共感」という感覚は、確かに存在するのですが、誤解したまま共感していることもあるようです。

COLUMN ピッチと空間の上下関係の不思議で普遍的な結びつき

　「上下」「高低」という感覚表現は、「下の階へ降りる」「高い山に登る」というように、空間の垂直方向の位置関係を表す表現として用いられています。同じ上下、高低の感覚表現は、「下のパート」「高い音」のように、ピッチの違いを表す表現としても用いられます。この両者は同じ言葉を使いますが、一方は視覚の空間的な感覚、もう一方は聴覚のピッチの感覚で、両者に直接的な関係はありません。それにも関わらず、「上下」「高低」という感覚表現の一致は、日本語だけでなく、英語、ドイツ語、フランス語、スペイン語、イタリア語、中国語、ハングルなど、多くの言語で共通しています。楽譜においても、ピッチの高い音は楽譜の上の方に位置し、両方の高さは対応しています。

　ピッチと空間の上下方向の対応関係に関しては、高い位置から聞こえてくる音は高い周波数成分が優勢であり、その経験による連想は働くと考えられます。また、声を出すときに、ピッチを上昇させると咽頭も上昇し、ピッチを低下させると咽頭も低下することから、ピッチと咽頭位置の上下方向が一致していることも影響しているでしょう。さらに、ピッチと空間の上下方向の対応関係は、それぞれから連想されるエネルギ・レベルとも一致していて（どちらも上昇すれば、エネルギ・レベルは上昇するように感じます）、両者の間にはかなり堅固で普遍的な結びつきが形成されています。

第 **6** 章

音楽に厚みをつける ハーモニー

　　ハーモニーは、メロディに厚みをつけ、音楽の表現をより豊かにします。ハーモニーは、音と音との音程関係（ピッチの間隔）によって決まります。美しい響きをする和音もあれば、汚い響きの和音もあります。西洋音楽では、ポリフォニー（多声）の音楽が一般的になるにつれて、利用される和音の種類も増えました。かつては単純な周波数比の音程により美しい和音の響きが得られると考えられてきましたが、実は和音の響きは聴覚のフィルタ機能によって決まることが明らかにされました。

　　本章では、協和音の種類、協和音を美しく響かせるための音律の仕組み、協和音が生ずる過程、実際の曲での協和音の使用実態について解説します。

6-1

和音の仕組み

ハーモニーを楽しむ

　西洋音楽において、ポリフォニー（多声）の音楽が一般的になると、ハーモニーが重視されるようになりました。美しく響く協和音を作り出すために、純正律という音律も用いられるようになりました。

▶▶ ハーモニーにより音楽はより豊かになる

　美しいメロディはメロディを聴くだけでも十分に楽しめますが、ハーモニーをつけると、音に厚みが加わり音楽の楽しさが倍増します。音楽を作り出す側も、ハーモニーによって、より豊かで深みのある音楽表現ができるようになります。

　和音とは、ピッチが異なる2つ以上の演奏音を組み合わせた音のことです。和音は、美しく響く**協和音**と響きが汚い**不協和音**に分類されます。ハーモニーと和音は同義語として使われることもありますが、厳密に言うと、ハーモニーは和音の進行までを含みます。

▶▶ 協和音の歴史

　音楽の長い歴史の中で、ヨーロッパで和音を明確に意識し始めたのは、9世紀の頃でした。グレゴリア聖歌の時代は、**ユニゾン**（同じピッチの音あるいはオクターブ関係の音程の音を使用）を基本としていましたが、次第に完全5度、完全4度の音程関係の和音を用いるようになってきました。

　3度、6度といった音程は、純正律が広まるとともに、協和音として利用されるようになってきました。3度を協和音として使用し始めたのは、14世紀の頃です。協和音の幅が広まるにつれて、和音の進行は、ユニゾンや同じ動きの旋律を重ねたものから、より複雑なものへと進化してきました。

6-2

音律は音階の構成音の周波数を定める

ピタゴラスの音律から平均律に至るまで

音階の構成音に対して、どのような周波数を当てはめるのかの規則を定めたものが音律です。西洋音楽はハーモニーを重視して発展してきました。そのため、和音が美しく響く音律が必要とされたのです。時代と共に用いられる和音が多様になり、その状況に応じて音律の原理も変化してきました。

▶▶ **完全5度をオクターブの次に単純な整数比にしたピタゴラス音律**

紀元前550年頃にさかのぼりますが、**音律**を初めて体系的に定めたのは、古代ギリシャのピタゴラス（図6-1）でした。ピタゴラスは、「万物の根源は数である」との思想を持ち、三平方の定理を発見したことで知られています。ピタゴラスは、和音の響きも「数」で支配されていると考え。「同時に鳴る各音の周波数の比が単純であるほど和音は協和する」との原理に基づく音律を定めました。

COLUMN 三平方の定理

直角三角形の三辺をa、b、cとし、斜辺(最も長い辺)をcとすると、$c^2 = a^2 + b^2$という式が成立します（直角三角形の形状は図3-2を参照してください）。この定理を三平方の定理（ピタゴラスの定理）といいます。三平方の定理は中学の数学で勉強します。忘れていませんか？

図6-1　ピタゴラス

　ピタゴラスは、オクターブに次いで協和する音程は完全5度（CとGなどの音程）であると考え、この音程に周波数比2：3の関係を割り当てました。協和音程であるとされているオクターブの音程の周波数比が1：2ですから、1：2の次に単純な周波数比（最も小さい整数の比という意味）の2：3の完全5度は、オクターブに次ぐ協和音程になると考えたのです。中国の孔子も、ほぼ同じ時期に、ピタゴラスと同一の原理に基づく**3分損益法**と呼ばれる音律を考えていました。ここで「周波数比」と述べているのは、ピッチを定める**基本音**間の周波数比のことです。

　ピタゴラス音律で長音階を構成するためには、八長調の主音のCの完全5度上のGに対して、Cの$\frac{3}{2}$倍の周波数を割り当てます。次に、Gの完全5度上のDにGの$\frac{3}{2}$倍の周波数を割り当てますが、最初のドから1オクターブ以上高い音になる（周波数比が2を超える）ので、1オクターブ下げます（周波数を半分にします＝$\frac{1}{2}$を掛けます）。その結果、CとDの周波数比は、$\frac{3}{2}\times\frac{3}{2}\times\frac{1}{2}=\frac{9}{8}$となります。**ピタゴラスの音律**では、このようにして、完全5度ずつ上昇させて（$\frac{3}{2}$を掛けて）、1オクターブを越える（周波数比が2を超える）と1オクターブ下げて（$\frac{1}{2}$を掛けて）、

次々と各音の周波数を決めます。

　図6-2に、このような手続きで得られたピタゴラス音律における、主音（C）と各音階構成音間の周波数比および隣接する2音間の周波数比を示します。各音間の周波数比が定められると、基準となるAの音に440Hzとかの周波数を当てはめて、すべての音の周波数を決めることができます。図6-2に示されるように、ピタゴラス音律においては、全音の周波数比は8：9となり、半音の周波数比は243：256となります。CとFの間のような完全4度の音程の周波数比は3：4となります。3：4という比は、オクターブの1：2、完全5度の2：3の次に単純な比となるので、協和音と見なせます。

　このように、ピタゴラス音律においては、完全5度や完全4度の音程は単純な周波数比になるので、和音は心地よく響きます。一方で、ピタゴラス音律では、長3度の音程は64：81（＝8×8：9×9）と複雑な周波数比になるため、長3度の和音からは心地よい響きが得られませんでした。ただし、長3度が協和音とされてなかった時代には、大きな問題にはなりませんでした。

COLUMN　ピタゴラスコンマ

　ピタゴラスの音律では完全5度の音程に2：3の周波数比を割り当てて、音階上の各音の周波数を決定します。Cからこの手続きを12回繰り返すと、C→G→D→A→E→B→F#→C#→G#→D#→A#→F→Cと、再びCに戻ります。ただし、再び現れたCの周波数は、元の周波数よりもごくわずか（約1.013643265倍：半音の$\frac{1}{4}$程度）ですが、高くなってしまいます（7オクターブの上昇は、元に戻して）。このような誤差のことを**ピタゴラスコンマ**といいます。

図6-2　ピタゴラス音律、純正律、平均律における主音（ハ調長音階の）に対する音階構成音の基本周波数の周波数比と隣接する２音の周波数比

	C	D	E	F	G	A	B	(C)
ピタゴラス音律	1	$\frac{9}{8}$	$\frac{81}{64}$	$\frac{4}{3}$	$\frac{3}{2}$	$\frac{27}{16}$	$\frac{243}{128}$	2
		$\frac{9}{8}$	$\frac{9}{8}$	$\frac{256}{243}$	$\frac{9}{8}$	$\frac{9}{8}$	$\frac{9}{8}$	$\frac{256}{243}$
純正律	1	$\frac{9}{8}$	$\frac{5}{4}$	$\frac{4}{3}$	$\frac{3}{2}$	$\frac{5}{3}$	$\frac{15}{8}$	2
		$\frac{9}{8}$	$\frac{10}{9}$	$\frac{16}{15}$	$\frac{9}{8}$	$\frac{10}{9}$	$\frac{9}{8}$	$\frac{16}{15}$
平均律	1	$\sqrt[6]{2}$	$\sqrt[3]{2}$	$\sqrt[\frac{12}{5}]{2}$	$\sqrt[\frac{12}{7}]{2}$	$\sqrt[\frac{4}{3}]{2}$	$\sqrt[\frac{12}{11}]{2}$	2
		$\sqrt[6]{2}$	$\sqrt[6]{2}$	$\sqrt[12]{2}$	$\sqrt[6]{2}$	$\sqrt[6]{2}$	$\sqrt[6]{2}$	$\sqrt[12]{2}$

上段：ド（主音）に対する周波数比
下段：隣接する２音の周波数比

▶▶ 3度の音程も単純な整数比にした純正律

　純正律もピタゴラス音律の考えを踏襲して、「２音を重ねたとき、その２音の周波数比が単純なほど響きが良い」という原理を基礎にした音程です。純正律の特徴は、協和音の範囲を広げたことです。複数の旋律が同時に演奏される**ポリフォニー（多声）**の音楽が広まってくると、3度の音程の和音も多用されるようになってきました。純正律では、3度の音程を美しく響かせるために、3度の音程も単純な周波数比になるように音律を定めました。

　CとGの完全5度、CとFおよびDとGの完全4度はいずれも単純な周波数比の条件を満たしているので、ピタゴラス音律のD、F、Gは、純正律でもそのままの周波数比を用います。そして、純正律では、完全4度の周波数比3：4に次いで単純な周波数比4：5を、長3度の音程にあてはめます。その原理をC、F、Gそれぞれの音に適用し、C、F、Gの周波数の$\frac{5}{4}$倍の周波数をそれぞれの音の長3度上のE、A、Bにあてはめて、純正律のハ調長音階（C、D、E、F、G、A、B）

が完成します。図6-2には、このような手続きで得られた純正律における、主音
と各音階構成音の周波数比および隣接する2音の周波数比も示しています。Cと
Aの間の長6度の周波数比は3：5で、やはり比較的単純な整数比になるので、協
和音として使えます。

　ただし、図6-2に示すように、純正律では、全音の音程に2種類できてしまい
ました。一つは周波数比が8：9となる大全音で、もう一つが周波数比9：10の
小全音です。その結果、どちらの全音を含むかによって、同じ音程でも周波数比
が異なることになってしまいました。例えば、AとCによる短3度の周波数比は
5：6で単純な比になり美しく響く和音になるのですが、DとFによる短3度の周
波数比は27：32と複雑な比になり、美しい響きの和音にはなりません。その結
果、Aが主音であるとき美しい響きであったAとCの短3度の和音が、Dが主音に
なるニ短調に転調（あるいは移調）したとき、DとFになって美しく響かないので
す。単純な周波数比にこだわった結果、純正律は、転調がうまくできない音律になっ
てしまったのです。

平方根の導入で転調に耐えうるようにしたミーン・トーン（中全律）

　純正律が使われていた当時までの音楽は、転調を行うことは、あまりありません
でした。しかし、西洋音楽が古典派からロマン派へ展開するころになると、より高
度な音楽表現が求められて、頻繁に転調をするような曲が多く作られるようになっ
てきました。純正律で作られた曲を転調すると、主要な和音の響きが悪くなったり、
転調したあとに元の調に戻れなくなったりします。そこで、多様な転調が問題なく
できる音律が必要となりました。

　ミーン・トーン（中全律）は、純正律の美しい響きを保ったまま、全音の音程を
統一することで、ある程度の転調を可能にした音律です。ミーン（中間の）・トー
ンの名前は、全音の周波数比を純正律の大全音と小全音の中間（中全音）に定め
たことに由来します。**ミーン・トーン**と呼ばれる音律では、全音を純正律の長3度
で定めた周波数比 $\frac{5}{4}$ の平方根（$\frac{\sqrt{5}}{2}$）に定めたわけです。この値は、大全音の周
波数比 $\frac{9}{8}$ と小全音の周波数比 $\frac{10}{9}$ の**相乗平均**（$\sqrt{\frac{9}{8} \times \frac{10}{9}}$）に相当します。5の平
方根という**無理数**（整数でも分数でもない数）を音律に導入したことにより、転

調の妨げとなっていた全音が2種類ある状況は改善されました。そのおかげで、単純な整数比と転調のしやすさをある程度両立した音律になりました。**ウェル・テンペラメント**と呼ばれる音律も、同様の対応をした音律です。

▶▶ 単純な整数比の理想は捨てたが自由な転調を可能にした平均律

　ミーン・トーンは多様な転調を可能にしましたが、転調にうまく対応できない調もあり、完全に自由に転調できる音律ではありませんでした。そこで登場したのが、どんな転調にも耐えられる**平均律**でした。平均律は現在も広く利用されている音律です。オクターブは12の半音に分割できますが、図6-2に示すように、12の半音をすべて均一の周波数比で構成した音律が平均律です。この原理に従うと、隣接する2つの音（半音）の周波数比は、$1:\sqrt[12]{2}$（2の12乗根＝約1.059463094）となります。$\sqrt[12]{2}$という表現は、$\sqrt[12]{2}$を12回かけ合わせれば2になることを意味します。

　ピタゴラス音律や純正律では、半音の音程の周波数比を2回掛けても全音の音程にはならず、半音の2倍の音程が全音になりません。例えば、純正律では$\frac{16}{15}$ $\times\frac{16}{15}=\frac{256}{225}$となり、大全音の$\frac{9}{8}$にも小全音の$\frac{10}{9}$にもなりません。平均律では、半音の音程$\sqrt[12]{2}$を2回掛けた$\sqrt[12]{2}\times\sqrt[12]{2}=\sqrt[6]{2}$ が全音の音程となります（半音の2倍の音程が全音の音程となるのです）。そのため、どんな調に転調しても、音程の関係が変わることはありません。

　平均律では、協和音程はきわめて単純な整数比に近くなるのですが、オクターブ以外に周波数比がぴったりと単純な整数比になる音程はありません。ピタゴラス音律以来の理想であった「単純な整数比」というしばりを捨てて無理数で妥協した結果、どんな転調をしても音程関係が変わらない平均律ができたのです。

　平均律の成立は17世紀までさかのぼりますが、広く普及したのは19世紀後半になってからでした。この時期には、ピアノの性能が向上し、その性能を活かしたすぐれたピアノ曲が多く作曲されていました。同時に、ピアノが大量に生産されるようになっていたので、ピアノの調律師を大量に養成する必要もあり、合理的な考えに基づく平均律は好都合だったのです。

6-3
協和と不協和の感覚の科学：
協和音が心地よい科学的根拠

協和音が心地よいわけ

協和と不協和という感覚は時代によって異なるものではありますが、元々の協和感は聴覚の機能に基づいて感じられます。聴覚フィルタ内にある複数の周波数成分が干渉することによって協和感が低下します。聴覚フィルタの機能と和音の倍音構造が協和感を決めているのです。

▶▶ 協和感を決めるのは音と音の干渉

ピタゴラスは「同時に鳴る各音の周波数の比が単純であるほど和音は協和する」という原理のもとに理想の音律を提案しました。この原理は経験的には妥当なものとされてきましたが、実証されたものではありませんでした。協和感を感じるしくみが解明されるのは、20世紀後半になってからでした。

協和、**不協和**を決めるのは、音と音の**干渉**の度合いです。周波数が少し異なる2つの純音が同時に提示されると、「ワンワンワン」と音が大きくなったり小さくなったりする「うなり」という現象が生じます（第3章参照）。うなりは2つの音の音圧変化のピークの間隔がずれることによって生じます。同じ周波数の2つの純音が鳴っても、2つの音の音圧変化のピークは一定の間隔を保ったままで、うなりは生じません。また、周波数が十分に離れていても、2つの音は別々の音として認識されて、2つの音は干渉しません。

不協和の感覚は、複数の音が干渉するときに生じます。複数の音が干渉しなければ、協和した感覚が得られます。では、どの程度2音間の周波数が隔てられれば、2音間の干渉がなくなるのでしょうか？　また、干渉する範囲内の2音から生ずる不協和の感覚は、周波数の差によって異なるのでしょうか？　2音間での干渉とその干渉の度合いに応じた協和感が生じする源が**聴覚フィルタ**（**臨界帯域**という呼び方もあります）と呼ばれる聴覚の機能なのです。

▶▶ 聴覚フィルタの働きが音の干渉をつくる

　人間の聴覚は、ある周波数帯域の成分のみを通過させるフィルタを、たくさん組み合わせたような働きをします。このフィルタは聴覚フィルタと呼ばれていますが、聴覚フィルタが、「音どうしが干渉するか否か」を決めているのです。聴覚フィルタには帯域幅（周波数幅）があるのですが、その帯域幅の中に複数の音があれば干渉し、うなりを生じます。この音どうしの干渉が、不協和を感じさせる要因となります。不協和の感覚の大小は、音どうしの周波数間隔によって異なります。

　聴覚フィルタの幅は、500 Hz以下の周波数領域では100 Hz程度、500 Hz以上の領域では3半音（$\frac{1}{4}$オクターブ）程度です。図6-3は、2つの純音を同時に聞いたときの協和感を、2つの純音の周波数差の関数として表したものです。この図の横軸は、2純音の周波数差を聴覚フィルタの幅との比に変換して表現しています。そうすることで、この図がいろいろな周波数の条件でも共通して使えるからです。縦軸は人間が感じる協和感を表し、値が大きいほど（上の方ほど）協和感が高いことを示します。

　図6-3によると、2つの純音の周波数が同じ場合に協和感は最大ですが、差が大きくなると次第に協和感が下がります。この傾向は2純音の周波数差が聴覚フィルタの帯域幅の$\frac{1}{4}$に一致するまで続きます。そして、周波数差が聴覚フィルタの帯域幅の$\frac{1}{4}$に一致するときに、最も不協和な感覚が生じます。さらに周波数差が大きくなると、協和感は持ち直し、だんだん上昇します。協和感の上昇傾向は純音どうしの周波数差が聴覚フィルタの帯域幅と一致するまで続きます。さらに周波数差が大きくなると、協和感は周波数差がない場合と同じレベルになります。

　この純音どうしの協和感の関係からは、オクターブとか完全5度といった音程で協和音になる現象はみいだせません。オクターブ、完全5度とかいった音程が協和音になるのは倍音間での干渉によります。協和音程と不協和音程の違いは、複数の成分からなる複合音の場合において、明確に知覚できるのです。

図6-3 ２つの純音の周波数差（聴覚フィルタの幅で基準化）と協和感の関係

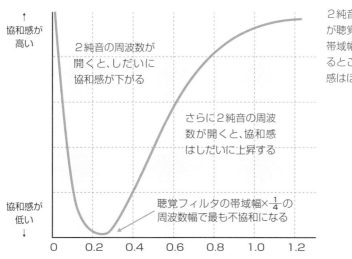

W. Jay Dowling and Dane L. Harwood, Music Cognition, Academic Press, 82p, 1986, Figure 3.11

▶▶ 倍音の干渉が協和音と不協和音を決める

　２つの成分からなる基本周波数200 Hzの周期的な複合音と、基本周波数がその２倍の400 Hzの複合音が同時に鳴った状況を考えてみましょう。２つの音の音程は、オクターブ隔たった音程です。基本周波数200 Hzの周期的複合音の倍音は、200 Hz、400 Hzの純音、基本周波数400 Hzの周期的複合音の倍音は、400 Hz、800 Hzの純音です。この２つの周期的複合音が同時に鳴ると、400 Hzの成分は重複しているので、200 Hz、400 Hz、800 Hzの成分が同時に鳴っていることになります。この３つの成分のいずれの成分間も200 Hz以上隔たっていて、200 Hz以上の隔たりは聴覚フィルタの帯域幅以上の隔たりなので、成分間で干渉することはありません。したがって、音程がオクターブ関係にある２音は協和関係にあるわけです。

　次に、２つの成分からなる基本周波数200 Hzの周期的複合音と、基本周波数

がその2倍から少しずれた380Hzの周期的複合音が同時に鳴った状況を考えてみましょう。2つの音は、オクターブより少し狭い音程関係にあります。基本音どうしを考えれば、200Hzと380Hzなので、聴覚フィルタの帯域幅の100Hz以上の隔たりがあるので、干渉はしません。しかし、200Hzの第2倍音の400Hzの成分と380Hzの成分の周波数間隔は20Hzで100Hzより狭いため、この2成分は干渉します。そのため、2成分からなる基本周波数200Hzの周期的複合音と、基本周波数380Hzの周期的複合音は、協和しません。したがって、オクターブから少しずれた音程は、不協和な音程となります。

　3つの成分からなる基本周波数200Hzの周期的な複合音と、その完全5度上の音との関係でも同様の現象が生じます。ピタゴラス音律あるいは純正律で完全5度の関係にある2音の各倍音の周波数は、200Hz、400Hz、600Hzと300Hz、600Hz、900Hzで、2音の各成分間に聴覚フィルタの帯域幅よりも狭い周波数間隔はありません。したがって、この2音は協和関係にあるといえます。しかし、完全5度よりも少し狭い、200Hz、400Hz、600Hzの純音からなる周期的複合音と280Hz、560Hz、840Hzの純音からなる周期的複合音においては、560Hzと600Hzの純音が干渉し、不協和な関係となります。完全5度の音程は協和音程とみなせますが、完全5度から少しずれた音程は不協和音程になります。

▶▶ 2純音間の協和感から協和音を予測する

　倍音の影響を考慮すると、聴覚フィルタの特性から、オクターブ、完全5度、完全4度、長短6度、長短3度などの**和声学**上の協和音程が感覚的にも協和音程になる理由がわかります。

　図6-4は、6つの倍音を含む複合音のペアに対して、2純音間の協和感のデータを用いて、全成分間のペアの協和感を合計して協和感を予測したものです。図6-4によれば、オクターブ（周波数比1:2）、完全5度（2:3）、完全4度（3:4）、長3度（4:5）、短3度（5:6）、長6度（3:5）などで協和感のピークがみられ、和声学上の協和音程が予測できています（周波数比は，純正律における音程）。つまり、和音の協和感は、聴覚フィルタ内の成分の干渉によって予測できるのです。

　ピタゴラスは「同時に鳴る各音の周波数の比が単純であるほど和音は協和する」という原理のもとに理想の音律を提案しました。純正律も同様の考えに基づいた音律であり、純正律は協和音の範囲を広げました。倍音間の干渉を考えると、理想の協和音を作り出すために単純な周波数比にこだわったピタゴラス音律や純正律の考え方は、妥当なものであったと考えられます。

　生後4か月の乳児でも、協和音と不協和音では、反応が異なります。乳児は、協和音には興味を示しますが、不協和音に対しては落ち着かない様子を示します。協和、不協和の感覚は、聴覚の特性に基づく生得的なものと考えられます。

図6-4　6つの倍音を含む複合音のペアの協和感を2純音間の協和感から予測する

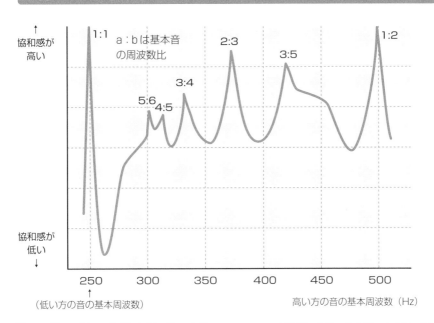

Plomp, R. and Levelt W. J. M. , Tonal Consonance and Critical Bandwidth, J. Acoust. Soc. Am. , 38, 548-560, 1965, Figure.11

▶▶ 倍音数によって協和音が変わってくる

　協和音程、不協和音程の区別が生み出されるのは、聴覚のフィルタの機能によ

るものです。２つの音の基本音の周波数比（音程）がその協和感を決めるものですが、同じ音程でも、倍音の含まれ具合によっても、協和感が異なります。

　図6-5に倍音の数が純正律での各音程の協和感に及ぼす影響を示します。１つの成分しか含まない純音どうしの場合、２音の周波数差で協和感が決まり、ある特定の音程で協和感が上昇するような協和音程は存在しません。先の例でも示しましたが、第２倍音までを含む音どうしになると、オクターブでの協和感の上昇がみられます。やはり、具体的な例で示しましたが、完全５度で協和感が上昇するのは３倍音以上が含まれる場合です。完全４度は４倍音以上、長３度や長６度は５倍音以上が含まれる場合に協和音程となります（すべての倍音が含まれているとして）。

図6-5　倍音の数が各音程の協和感に及ぼす影響

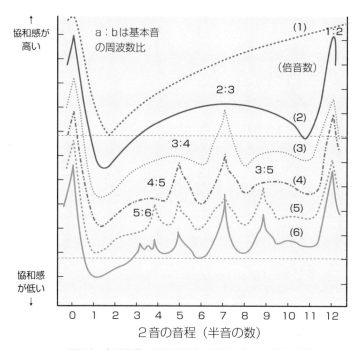

厨川守, 亀岡秋男, 協和性理論, 東芝レビュー, 25, 481-486, 1970, 図7

純正律の音程と倍音間の周波数比の関係

　ここで論じた協和音程は、いずれも純正律で考えた場合での音程です。純正律においては、主要な和音が、1：2、2：3、3：4、4：5など単純な周波数比となっています。倍音系列では、基本音、第2倍音、第3倍音、第4倍音……の周波数比は、1：2：3：4：……となります。

　そのため、図6-6に示すように、基本音と第2倍音の周波数比（音程）はオクターブ（完全8度）の音程、第2倍音と第3倍音の周波数比は完全5度の音程、第3倍音と第4倍音の周波数比は完全4度の音程、第4倍音と第5倍音の周波数比は長3度の音程、第5倍音と第6倍音の周波数比は短3度の音程と一致します。その結果、和音の倍音の周波数が重なる割合が多くなり、倍音間の干渉（うなり）が発生しにくくなるため、純正律で演奏された楽曲は美しい和音の響きを生み出すのです。

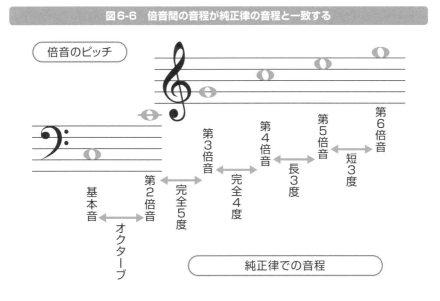

図6-6　倍音間の音程が純正律の音程と一致する

倍音のピッチ

基本音 — 第2倍音：オクターブ
第2倍音 — 第3倍音：完全5度
第3倍音 — 第4倍音：完全4度
第4倍音 — 第5倍音：長3度
第5倍音 — 第6倍音：短3度

純正律での音程

▶▶ 純正律と平均律の協和感の差

　平均律になると協和音程といえども単純な周波数比にはなりません。表6-1に、純正律と平均律の、4つの協和音程における基本周波数の比率を小数で示します。例えば、先に例に出した200 Hz、400 Hz、600 Hzの成分からなる音と300 Hz、600 Hz、900 Hzの成分からなる音は、純正律で完全5度の関係にある3成分からなる2つの周期的複合音です。200 Hz、400 Hz、600 Hzの成分からなる音に対して、平均律で完全5度上の音は、299.66 Hz、599.32 Hz、898.98 Hzの成分からなる音です。確かに、成分音の中で、600 Hzと599.32 Hzは干渉します。しかし、この2音の周波数の差は0.68 Hzで、生ずるうなりは3秒間に2回程度で、協和感の低下は微々たるものです。

　ただし、長3度の音程になると、倍音間の干渉は無視できなくなります。例えば、純正律では、基本周波数が400 Hzの長3度上の音の基本周波数は500 Hzとなります。平均律になると、基本周波数が400 Hzの長3度上の音の基本周波数は約504 Hzとなります。もちろん基本音どうしの協和感は、純正律でも、平均律でも変わりません。しかし、400 Hzの基本音の第5倍音は2000 Hzで、純正律での長3度上の音の第4倍音と周波数が一致するのに対して、平均律では長3度上の音の第4倍音は約2016 Hzとなります。つまり、平均律では、400 Hzの基本音の第5倍音と長3度上の音の第4倍音の周波数差が16 Hzとなるので、これらの成分間の干渉は協和感を低下させます。ただし、すべての成分間でこのような干渉をするわけではないので、平均律においても長3度は協和音として利用できます。

　音程によっても、倍音の振幅によってもその差は異なりますが、純正律での協和音に比べて平均律での協和音の協和感は若干下がることになります。しかし、その低下量はいずれの場合も僅かで、実際の演奏には差し支えない程度のレベルです。平均律は、この程度の協和感の低下には目をつぶって、転調の自由を優先した音律なのです。とは言うものの、この協和感の差にこだわり、今でも純正律を用いて演奏する音楽家もいます。

表6-1　協和音程における基本周波数の比率（小数）：純正律と平均律の比較

音程（純正律での比）	純正律	平均律
完全5度（$\frac{3}{2}$）	1.5	1.498307077
完全4度（$\frac{4}{3}$）	1.33333333333	1.334839854
長3度（$\frac{5}{4}$）	1.25	1.259921050
短3度（$\frac{6}{5}$）	1.2	1.189207115

▶▶ 低音部では協和音が協和しないこともある

　純音の周波数が500Hz以上の周波数領域では、いずれの周波数領域でも聴覚フィルタの幅は3半音程度です。このような周波数領域では、聴覚フィルタの幅が音程で定まることになります。2つの純音の周波数間隔が聴覚フィルタ幅の$\frac{1}{4}$になると最も不協和な感覚になりますが、**最不協和点**も音程で定まり、$\frac{3}{4}$半音程度となります。したがって、この周波数範囲では、協和になる音程、不協和になる音程は音程だけで決まり、周波数には依存しません。オクターブ、完全5度などは、いずれの周波数領域（音域）でも協和音です。短2度（半音）の音程は、いずれの音域でも、五線譜上の音程の中では最も不協和な音程になります。

　これに対し、500Hz以下の領域では、聴覚フィルタの幅は100Hz程度となり、一定の周波数幅になります。聴覚フィルタの帯域幅の$\frac{1}{4}$で定められている最不協和点も、周波数幅で定まり、25Hz程度の周波数幅ということになります。25Hzという周波数幅に対応する音程は、音域が下がるほど大きくなります。したがって、低い音域になるほど、最不協和になる音程が大きくなるのです。

　最不協和音程は、ピアノの中央のC4（261.63Hz）付近の音域では1.5半音程度ですが、そのオクターブ下では3半音（短3度）、さらにその1オクターブ下では6半音になります。したがって、協和音程であるはずの短3度（3半音）、長3度（4半音）、完全4度（5半音）、完全5度（7半音）が、低音域では不協和音

程になるのです。ただし、作曲家は和声学上の協和音程が必ずしも美しく響かない音域を感覚的に知っています。そのため、低音域では、3度などの狭い音程の和音をあまり使わず、より広い音程の和音を中心に楽曲を構成します。

▶▶ 協和と不協和の絶妙なバランスが名曲をつくる

　楽曲を構成するのに、協和音を利用すると心地よい響きは作り出せますが、協和音ばかりだと退屈な曲になってしまいます。だからといって不協和音ばかりを使うと、まとまりがなく、不快で耐えきれない曲になってしまいます。協和音の合間にスパイスのように不協和音をちりばめ、協和と不協和のほどよいバランスをとることが、鑑賞に値する作品を生み出すのです。

　実際の楽曲における協和と不協和のバランスがどのようになっているかを、本節で紹介した協和に関する知見を利用すれば、演奏音を音響分析することで明らかにできます。図6-7は、ドボルザークの弦楽四重奏『作品番号51変ホ長調』を対象にして、楽譜上の各音が6倍音まで含むと仮定して、同時に鳴らされた音の成分間に考えうるすべての音程の分布をプロットしたものです。音律は平均律を使用したものとしています。図6-7から、作曲家がどのように、（後に科学的に立証されることになる）聴覚の特性を体得していたのかがわかります。

　図6-7の太い実線が倍音間の音程分布の中央値（音程を順番に並べて真ん中になる音程を周波数で表した値：50%点）で、その上下の2本の細い実線が音程分布の50±25%点の音程を周波数で表した値を示します。この細い線の間に音程分布の50%が入っています。そして、2本の破線が各周波数帯における聴覚フィルタの帯域幅とその$\frac{1}{4}$の帯域幅です。細い2本の実線は、いずれも2本の破線の内側に位置します。このことは、音程分布の半数以上が、協和感が最高になる聴覚フィルタの幅と最不協和点であるその$\frac{1}{4}$幅の間にあることを意味します。その関係は、音域に関係なく維持されています。また、音程分布の中央値は、聴覚フィルタの周波数幅と同じように、500Hzの以下の音域ではほぼ一定で、500Hz以上の音域では音域が高くなるほど大きくなっています。この傾向は、500Hz以下の低い音域では、作曲家が狭い音程の和音を避けていることを示しています。作曲家は、音域にも考慮して、最不協和と最協和の間にバラエティを持たせながら、

平均的にはほどよい協和感を持たせるように曲を構成しているのです。

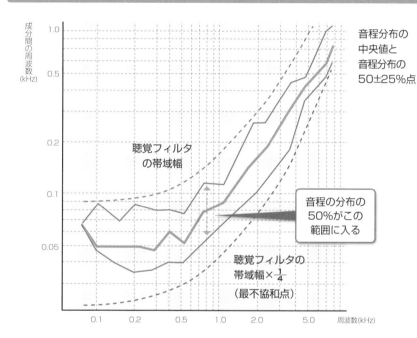

W. Jay Dowling and Dane L. Harwood, Music Cognition, Academic Press, 1986, 85p, Figure 3.13

COLUMN　音の干渉のさまざま

　不協和感を生ずる原因は成分音間の干渉と述べましたが、成分間の周波数差によって干渉のしかたが異なります。2つの純音成分を組み合わせたとき、成分間の周波数差が数Hz程度の場合には、「ワンワンワン」と「うなっている」様子を聞くことができます。しかし、成分間の周波数差が20Hzを越えると、音の大きさの変化についていけなくなり、「トゥルルルルルル」といった荒々しい（ざらついた）感覚がします。2純音の最不協和点は、こういった大きさの変動に伴うざらつき感のする周波数差の領域です。

COLUMN 音楽と天文学と哲学はひとつ

　現代の私たちの感覚からすれば、音楽、天文学、哲学はまったく別の分野ですが、古代ギリシャの人たちにとってはそうではありませんでした。彼らは、音楽が作りだす協和の感覚の中に、宇宙や森羅万象の奥義を見出そうとしていました。彼らは、音階や音律の理論を解明することで、天体の秩序や人間の身体の仕組みも明らかになると信じていたのです。

　ハーモニーの語源となるギリシャ語の「ハルモニア」は「調和」を意味しますが、古代ギリシャの人たちはハルモニアについて、天体と音階を結び付けて考えていたといいます。星の運行にも、音階にも秩序があり、それらを統一的に捉えていたのです。

第**7**章

音楽のノリを担う リズム

音楽は、時間の流れともに展開する芸術です。その音楽の時間軸上の流れを組織化するのが「リズム」です。リズムの感覚は、生まれながらに備わっている感覚です。音楽のリズムは、生得的に備わったリズム感覚にアピールするように、音の刻みをつくり出しているのです。リズムの構造も、メロディの構造と同じように、ゲシュタルトの原理に従います。また、リズムの構造は階層化してより複雑にもなります。テンポは、そんなリズムの速さを表します。人間には、心地よくリズムを感じるほどよいテンポが存在します。

本章では、リズムやテンポの仕組み、程よいテンポ感、リズム感が生ずる過程、リズム制御の実態について解説します。

7-1

リズムは音列のまとまり、テンポは音列の速さ

音楽の時間構造を作るリズムとテンポ

リズムという言葉は日常用語としてさまざまに用いられますが、音楽では3拍子とか4拍子といった音列のまとまりを指します。一方、テンポとは、その音列の速さのことを意味します。テンポが変化すると、リズムの感じ方も変わってきます。

▶▶ リズムとは音列のまとまりである

音楽においては、リズムとは、音列のまとまりを意味します。同じ音が繰り返すような単調な音列からでも、リズムを感じることができますが、長い音と短い音の繰り返しであったり、大きい音と小さい音の繰り返しであったりすると、音列の体制化、**組織化**がより自然に行われ、より力強いリズムが感じられます。音の連なりに時間的な秩序をもたらすリズムは、時間の芸術である音楽を形づくる秩序の源になっているのです。

西洋音楽などでは、2拍子、3拍子、4拍子といった拍子が一般的ですが、5拍子、7拍子といった複雑な拍子の曲もあります。特定のリズム・パターンの分類として、タンゴ、ルンバ、マズルカといったリズムの分類法もあります。こういったリズムの曲では、主として打楽器類がそのリズムを刻んでいます。ラベルが作曲した『ボレロ』では、小太鼓（スネア・ドラム）が15分間休みなく図7-1に示すボレロのリズムを刻み続けます。同じリズムを刻み続けるのは、簡単そうに思えますが、けっこう大変な行為です。

日常生活で使われるリズムという言葉は、必ずしも音楽と関連しているわけではありません。ただし、何らかの繰り返しパターンに関わる事項である点では、共通しています。生活のリズムとか歩行のリズムといった言葉もあり、私たちは何らかの繰り返しパターンに共通した感覚を持っているようです。スポーツなどでうまくいかなかったときに、「リズムに乗り切れなかった」という言い訳もよく聞きます。リズム感覚は、さまざまな（一般的にはいい意味での）繰り返しパターンに対する

共通した感覚なのでしょう。

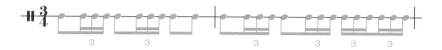

図7-1 小太鼓が担当するボレロのリズム

▶▶ テンポは音列の速さである

　一方、**テンポ**は音列の速さ（スピード）を意味します。演奏のテンポが速いと、はつらつとした、軽い、明るい、活発な曲調になります。一方、テンポが遅いと、ゆったりとした、重厚な、暗い、鎮静感のある曲調になります。音楽は感情を伝えますが、テンポの変化は感情の違いを表現するのに効果的に利用することができます（第9章参照）。

　テンポが変わると、リズム感覚にも影響します。極端にゆっくりしたテンポで演奏すると、音列のまとまりがなくなり、リズムが感じられなくなります。テンポが速すぎても、リズムから感じられる印象が変わってきます。また、人間にとって、ほどよいテンポ、心地よいテンポが存在します。

COLUMN 音のリズムと光のリズム

> 光の点滅などを見たときには、視覚からもリズムを感じることができます。ただし、知覚したリズムを再現するときには、聴覚から得られたリズムの方がより正確に再現することができます。聴覚から得られるリズムの方がうまく体制化して記憶することができるため、より正確に再現できるのです。

第7章 音楽のノリを担うリズム

リズムの仕組み、テンポの規則

拍子記号、メトロノーム記号の意味

「拍」とはリズムの基本単位です。拍がまとまって、拍子が作りだせます。拍に強弱をつけることで、安定したリズム・パターンを作り出すことができ、拍子が明確になります。テンポは、メトロノーム記号や速度標語で指示します。

▶▶ 拍と拍子でリズムを作る

音楽は時間の流れの中で展開する芸術ですが、時間の流れの「ものさし」を作るのが**拍**です。リズムは拍を基準として作り出されます。宴会やコンサートで**手拍子**を刻むことがよくありますが、この手拍子の一つ一つが「拍」なのです。

拍がまとまって**拍子**ができます。2拍ごとにまとまる拍子が2拍子、3拍ごとのまとまりが3拍子です。楽譜の上では、拍子は、拍子記号によって表現されます。拍子記号は、「拍の数」と「拍を表す音符の単位」によって定められます。楽譜には、**小節線**という区切りがありますが、小節線は拍子の切れ目になっています。

拍子記号は、$\frac{3}{4}$ のように分数のような形式で表し、分子が「拍の数」、分母が「拍を表す音符の単位」を表します（第2章参照）。$\frac{3}{4}$ の拍子記号で表された拍子は、4分音符（♩）3つで刻まれる「4分の3拍子」です。4分の3拍子の曲は、2つの小節線の間に、4分音符3つ分の音符と休符があります。$\frac{4}{4}$ になると4分音符4つの「4分の4拍子」になり、2つの小節線の間に4分音符4つ分の音符と休符があります。$\frac{6}{8}$ という拍子記号は、「8分の6拍子」という意味で、8分音符6つの拍子を意味します。数学では $\frac{6}{8} = \frac{3}{4}$ と約分しますが、音楽の拍子記号は約分しないでください。「4分の3拍子」と「8分の6拍子」は、別の拍子なのです。

▶▶ 拍には強弱がある

2拍子、3拍子、4拍子、6拍子といったリズムの各拍には強く演奏する拍と弱く演奏する拍があります。強く演奏する拍を**強拍**（**ダウンビート**）、弱く演奏する拍を**弱拍**（**アップビート**）と呼びます。クラシックなどの西洋音楽の場合、図7-2

に示すように、2拍子だと「強・弱」の繰り返し、3拍子だと「強・弱・弱」の繰
り返しになります。4拍子の場合は、「強・弱・中強（強と弱の間）・弱」の繰り返
しになります。6拍子の場合は、「強・弱・弱・中強・弱・弱」の繰り返しになりま
す。いずれの拍子においても、小節の先頭に強拍があり、そこがアクセントになっ
て、リズムのまとまりを形成しています。

　ジャズやロックなどの場合には、クラシック音楽などとは強弱の位置が入れ替
わって、独特のノリを生み出します。4拍子だと、2拍目、4拍目にアクセントが
あります。こういったリズムは、**オフビート**、**アフタービート**、**バックビート**など
と言われます。アフタービートのリズムによって、独特のスイング感、ビート感が
生み出されるのです。

図7-2　4分の2拍子、4分の3拍子、4分の4拍子の拍子記号と各拍の強弱

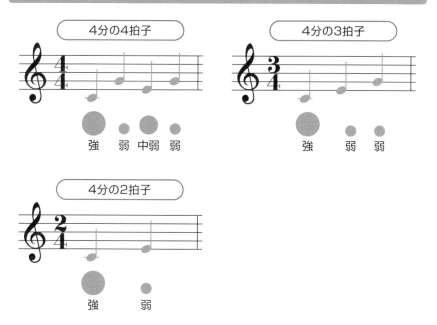

▶▶ テンポを表すメトロノーム記号

テンポは、「速い」テンポ、「遅い」テンポというように曲の速さを意味しますが、定量的に表現するときには一定時間中の拍数で表現します。一般に使われている**メトロノーム記号**では、1分あたりの拍数（BPM：beats per minute）でテンポを表現して、演奏時のテンポを指定します。メトロノーム記号は、「♩=100」（4分音符を1分に100個刻む速度）のような形式で、楽譜中に示します（図7-3）。

図7-3　メトロノーム記号の例

メトロノーム記号（4分音符を1拍として、1分あたりの拍の数が100であることを示す）

♩=100

また、図7-4に示すように、アダージョ（Adagio:遅く）、アレグロ（Allegro:速く）、ヴィバーチェ（Vivace：活発に速く）といった**速度標語**でテンポを表記することもあります。ラルゴでBPM＝40〜60、ヴィバーチェでBPM＝116〜184といったぐあいに、速度標語はある程度メトロノーム記号と対応しますが、解釈は演奏者に委ねられます。表7-1に速度標語の例を示します。

さらに、アッチェレランド（accelerando：だんだん速く）、リタルダンド（ritardando：だんだん遅く）のように速度の変化を指示する用語もあります。イン・テンポ（in tempo）といって、「正確な速さで」演奏することを指示する用語もあります。

図7-4　速度表記の使用例（アルビノーニの『アダージョ』の一部）

表7-1　速度標語の例（下のものほど速いテンポ）

速度表記	読み	意味
Largo	ラルゴ	幅広くゆったりと
Lento	レント	ゆるやかに、遅く
Adagio	アダージョ	遅く
Andante	アンダンテ	ゆっくりと歩くような速さで
Moderato	モデラート	中くらいの速さで
Allegro	アレグロ	速く
Vivace	ヴィバーチェ	活発に速く
Presto	プレスト	きわめて速く

第7章　音楽のノリを担うリズム

COLUMN　メトロノームとベートーベン

　メトロノームは、19世紀初頭にドイツ人のメルツェルによって開発されました。メトロノーム記号が利用されるようになったのはそれ以降です。ベートーベンはいち早く、メトロノームによる速度表示を取り入れ、メトロノームの普及に貢献したといわれています。ただし、初期のメトロノームの精度は十分ではなくで、相当バラツキ（誤差）があったようです。

7-3

リズムの心理学：時間間隔がリズムになる

人間が持つ自然なリズム感

人間には自然とリズムを感じる特性があり、同じ音が一定の間隔で繰り返されると、いつの間にか3拍ずつの3拍子とか、4拍ずつの4拍子が感じられます。さらに、そこにアクセントがつくと、安定したリズム感覚が形成されます。

▶▶ いつの間にか「まとまり」ができる

同じ音を同じ時間間隔（周期）で聞かされ続けると、いつの間にか、2つ、3つ、4つといった数個の音ごとのまとまりを感じます（図7-5）。それぞれ、2拍子、3拍子、4拍子に相当するリズムが感じられたのです。こういった等間隔の音列（単調拍子）から感じられる2拍子、3拍子、4拍子的なリズム感覚を、**主観的リズム**といいます。主観的リズムは、楽器の音からだけではなく、日常生活の中で足音や機械音からでも感じることができます。

等間隔の音列からは、2拍子、3拍子、4拍子のいずれの主観的リズムも感じることができます。しかし、いったんいずれかの主観的リズムが生ずると、ほかの拍子の主観的リズムは感じられなくなります。また、他の拍子との差はわずかですが、4拍子の主観的リズムが最も自然に感じられます。ただし、周期が長くなると、まとまる拍数が減少し、3拍子、2拍子の主観的リズムの方が優勢になります。

▶▶ 主観的リズムはリズム感の源である

主観的リズムが感じられるのは、同じ音が120ミリ秒から1800ミリ秒程度の周期で繰り返されるときです。音と音の間の時間間隔が1800ミリ秒以上になると、周期的な感覚が失われて、リズムらしい感じがしなくなってしまいます。また、音と音の間隔が120ミリ秒よりも短くなると、音列のそれぞれの音が独立した音として区別できなくなってしまい、リズムとしてのまとまりが感じられなくなってしまいます。

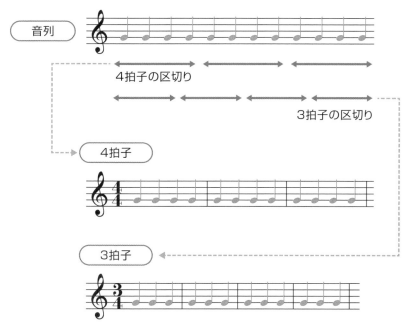

図7-5　等間隔の音列（単調拍子）から感じられる3拍子、4拍子の主観的リズム

　主観的リズムの感覚というのは、人間のリズム感覚の根源であると考えられます。周期的な音列は物理的には等質な音の連なりなのですが、しばらく聞き続けていると、いつの間にか一定の周期ごとにアクセントが感じられるようになるのです。

　周期的な音列に一定間隔ごとにアクセントがつくと、より強固なリズムが感じられるようになります。アクセントは、何らかの音響的変化をつければ作りだせます。一定間隔ごとに、音の長さ、大きさ、高さ、音色などを変化させればいいのです。高い音と低い音、長い音と短い音を組み合わせた例を図7-6に示します。これらの例では、数の少ない高い音（Cの音）、長い音（4分音符）がアクセントになっています。

図7-6 ピッチや長短のアクセントがリズムの構造を決める

ピッチが変わることによるアクセント

長さが変わることによるアクセント

COLUMN シンコペーション

　弱拍の音符と次に続く強拍の音符をタイでつないで一つの音にすると、もともと弱拍の音が強拍になります。このような手法を**シンコペーション**と呼びます。シンコペーションによって強拍の位置がずれるので、緊張感が高まりますが、本来の状態に戻ったときには快感がもたらされます。

7-4

ちょうどいいテンポ：速すぎず、遅すぎず、心地よい繰り返し

自然に作り出すテンポ、自然に感じるテンポ

600ミリ秒程度の間隔で刻まれるテンポは、人間にとって、速すぎず、遅すぎず、「ちょうどいい感じ」のテンポです。自然な感じで自らテンポを刻んでも、同じ程度の速さのテンポになります。

▶▶ 自発的テンポ

テンポとは音楽の演奏速度のことで、さまざまなテンポの曲が存在します。人間にとって自然な「ちょうどいい加減のテンポ」は、どの程度の速さなのでしょうか？　ちょうどいい加減のテンポの一つが、自分の好きなテンポで机を叩くといった方法で測定される**自発的テンポ**（**パーソナル・テンポ**、**心的テンポ**ともいいます）です。この自発的テンポで机を叩き続けているときの典型的な打拍の周期（間隔）は、600ミリ秒（0.6秒）程度です。ただし、自発的テンポの周期には個人差があり、その周期の範囲は380〜880ミリ秒程度に及びます。これに対して、自発的テンポの個人内のばらつきは小さく、自発的テンポは明確に自覚されています。

自発的テンポは、遺伝的要因によって決まるようです。そのため、一卵性双生児の自発的テンポは非常に似ていますが、二卵性双生児の自発的テンポはそれほど似ていません。

なお、人間にとって、一定の規則でリズムを刻むことは容易ですが、不規則な音列を刻むことは簡単ではありません。リズムで形成される時間的秩序は、人間が本能的に持っている感覚なのでしょう。

▶▶ 好みのテンポ

音列を聞いたときに感じられる、最も自然で、遅すぎず、速すぎない**好みのテンポ**も、自発的テンポとは違った観点の「ちょうどいい加減のテンポ」といえるでしょう。好みのテンポも、やはり周期が600ミリ秒程度の周期の音を中心に、500〜

第7章　音楽のノリを担うリズム

700ミリ秒程度の範囲に入ります。能動的に生み出す自発的テンポと、受動的な立場で感じる好みのテンポは、ほぼ一致した範囲にあるのです。

600ミリ秒程度の周期の音列の繰り返しは、われわれにとって「ちょうどいい感覚のテンポ」なのです。周期が600ミリ秒程度ということは、1分間では100個の音を演奏するペースで、モデラート（Moderaro：中くらいの速さで）はその程度のテンポです。

▶▶ リズムのスキーマ：リズムの知覚もゲシュタルトの原理に従う

安定したリズム感覚が形成されるのは、ゲシュタルトの原理によるものです。一般に、時間的に近接している音どうし、音色、ピッチ、大きさなどの音響的特徴が似た音どうしがまとまって、リズム・パターンが形成されます。

リズムを感じさせる音列のまとまりを形成する仕組みが、**リズム・スキーマ**といわれる人間の処理過程です。リズム・スキーマも、ゲシュタルトの原理に支配されています。

ゲシュタルトの原理の一つである近接の要因によって、時間的に近い音同士が「まとまり」を形成します。音と音の間にいわゆる「間」があると、音列はそこで分断されます（図7-7（A））。

また、類同の要因によって、音響的に類似した音同士もまとまりを作り出します。テンポが一定な音列の各音の強さに差をつけた「強弱弱強強弱弱強強弱弱強」といった音列からは、「強弱弱弱」「弱弱強強」といったまとまりのリズムは自然に感じられますが（図7-7（B））、「強弱弱強」「弱強強弱」といったまとまりのリズムが感じられることはあまりありません。音響的に同じ特徴を持つ「強い音」と「強い音」、「弱い音」と「弱い音」が自然とまとまって同じグループを形成するからです。

▶▶ リズムに乗るための内部クロック

リズム・パターンをうまく知覚できるのは、私たちが**内部クロック**と呼ばれる、定規のような時間感覚を持っているからです。内部クロックとは、聞こえてくるリズム・パターンに対して、自由に合わせることができる一定間隔の時間単位のことです。音楽を聴いて、うまく手拍子を打てるのは、内部クロックをうまくリズム・

パターンにあわせることができるからです。

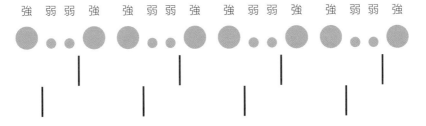

図7-7　リズムのゲシュタルト

(A)自然に感じられる区切り（間による区切り）

(B) 自然に感じられる区切り（強弱のまとまりによる区切り）

強　弱　弱　強　　強　弱　弱　強　　強　弱　弱　強　　強　弱　弱　強

　図7-8に示すように、リズム・パターンには、内部クロックを合わせやすいリズム・パターンもあれば、合わせにくいリズム・パターンもあります。拍子の区切りがイメージしやすい図7-8（A）のようなリズム・パターンには、自然と手拍子を打つことができます。このような内部クロックを合わせやすいリズム・パターンは、記憶しやすいリズム・パターンでもあります。一方、（B）のようなリズム・パターンは、拍子の区切りがイメージしにくく、内部クロックを合わせにくいリズム・パターンです。

第7章　音楽のノリを担うリズム

> **図7-8　内部クロックを合わせやすいリズム・パターン（A）、**
> **　　　　合わせにくいリズム・パターン（B）**

（A）内部クロックを合わせやすいリズム・パターン

（B）内部クロックを合わせにくいリズム・パターン

谷口高士編著, 音は心の中で音楽になる －音楽心理学への招待, 北大路書房, 2000, 61頁, 図3-4

▶▶ 拍が増えると階層的なリズムが形成される

　リズムを構成する拍が増えてくると、1つのまとまりとしての拍子が、さらにいくつかの拍子に分かれて感じられます。6拍子のリズムだと、3拍と3拍という2つのまとまりに分かれ、全体として6拍子が感じられます。4拍子も、2拍ずつのまとまりになっています。1つの拍子が複数の拍子に分かれるようなリズムは、階層的な構造を持っているといえます。2拍子、3拍子というのは、階層構造の最下層の拍子となっています。

　5拍子とか7拍子とかの複雑な構造をもった**変拍子（混合拍子）**でも、図7-9に示すようにアクセントをつけて、3拍子と2拍子の組み合わせ、4拍子と3拍子の組み合わせの階層的な構造をわかりやすくすることで、より自然に受け入れられるリズムが形成されます。変拍子は、不規則なイメージがありますが、その階層的パターンに慣れると、心地よくそのノリを楽しむことができます。

　楽曲の中には、めまぐるしく不規則に拍子が変わる曲もあります。現代曲になると、一小節ごとに拍子を変える曲もあります。そうなるとリズム構造を理解するのは容易ではありません。もともと、音楽は安定したリズムの上で成立していた芸術なのですが、調性音楽から無調の音楽へとスタイルが変化したように、複雑なリ

ズム構造をもった音楽も制作されるようになってきたのです。

図7-9　変拍子：階層的なリズム構造を持つ

4分の5拍子

3拍子　　　2拍子

4分の7拍子

4拍子　　　3拍子

7-5

リズム感の発達

リズム感は生まれながらの感覚である

リズム感は、生後間もない乳幼児でも、すでに身につけています。そして、幼児期には、音楽に合わせて動いたり、歩いたりできるようになります。児童期には、音楽の授業などもあり、音楽に合わせて拍子をとったり、リズム・パターンを図示したりすることができるようになります。

▶▶ 就学以前の乳児、幼児におけるリズム感の発達

リズム感は、生後7～9か月の乳幼児でも、すでに身につけています。3音で構成された「タン・タ・タ」と「タ・タ・タン」の違い、4音で構成された「タ・タン・タ・タ」と「タ・タ・タン・タ」の違いに気がつきます。このような基本的なリズム・パターンを聞き分ける能力は生まれながらにして持っているものと考えられています。

2～6歳前後の幼児期には、音楽に合わせて、動いたり、歩いたり、スキップしたりできるようになります。この時期には、リズム・パターンを真似する能力や記憶する能力も、急速に発達します。

▶▶ 学童におけるリズム感の発達

小学校に入学する児童期においては、音楽の授業もあり、歌唱や楽器演奏などの音楽活動にも本格的に取り組むようになります。それに伴って、音楽的なリズム把握能力も発達します。

リズムの知覚能力、音楽に合わせて拍子を叩く能力も、年齢に伴って向上します。リズム・パターンを図示したり、図示したリズム・パターンを読み解いたりする力も、年齢に伴って向上します。

このようなリズム感覚の発達は、他の音楽能力の発達とも関連し、音楽能力全般も向上させます。また、運動能力などの発達とも関連しているものと考えられます。リズムに関する諸能力は「環境世界に適応するための基本的能力」であり、

人間生活には欠かすことのできない重要な能力であるといわれています。

▶▶ リズム感には文化的要因も影響する

　トルコ、インド、東ヨーロッパの音楽では２：２：３や３：２：２などの非等間隔のリズムを多用しますが、西洋音楽では等間隔のリズムが一般的です。そのため、西洋音楽の文化圏で育つと、非等間隔のリズムより、等間隔のリズムの変化をより敏感に検出することができるようになります。ただし、生後６、７か月の乳幼児では、このような文化的要因の影響はみられません。その後、次第に各文化圏特有のリズム感覚が発達していくのです。

　また、西洋音楽圏では、２拍子に比べて３拍子の曲が少ない傾向にあります。アメリカの乳幼児は、すでに９か月の段階で、３拍子より２拍子の曲の変化をより容易に検知できるようになっています。

第7章　音楽のノリを担うリズム

COLUMN　メロディの記憶に及ぼすリズムの効果

　メロディのアクセントとリズムのアクセントが一致していると、一致していない場合よりも、メロディがより記憶に残りやすくなります。メロディとリズムのアクセントの組み合わせによって構築される**結合アクセント**が、音楽の知覚や記憶に重要な役割を果たしているのです。

7-6

打楽器奏者のリズム制御

効率よくリズムを刻むテクニック

聴取者にリズムを感じてもらうために、演奏者は、正確にリズムを刻み、適切なところでアクセントをつける必要があります。人間自身の身体の制御と楽器への働きかけがうまく調和しないと、正確にリズムを刻む、適切にアクセントをつけるという行為はできません。リズムを刻むという演奏行為は、次の動作の準備をしつつ行わないと、うまくできないのです。

▶▶ ドラム奏者のテクニック

演奏者は音の鳴るタイミングや鳴らす音の強弱に合わせて、実際の演奏の前に、動作の準備を行います。ドラム奏者の場合には、アクセントをつける拍では、その拍の前に早く準備を始め、アクセントのない拍よりもスティックを高く上げます（図7-10）。ドラムを叩く際のストロークの速度も速くなります。

また、速いテンポで演奏する際には、ドラムからのフィードバックやスティックの跳ね返りなども利用して、効率よくリズミカルに演奏を行っています。スティックの跳ね返りは、次のストロークの準備動作に組み込まれているのです。

▶▶ ドラム奏者は等間隔タッピングもうまい

音楽演奏では、テンポを一定に保ちながら、各音を正確なタイミングで鳴らすという高度な時間制御が必要とされます。ただし、人間の時間制御には限界があり、等間隔にタッピングして音を鳴らしていても、数10ミリ秒程度速くなる傾向があります。また、各音のテンポのゆらぎも無視できません。

当然、熟練した演奏家にも時間制御の限界があります。ただし、最もリズム感覚が必要なドラム演奏者は、熟練した演奏家の中でも最も時間制御に優れています。等間隔タッピングを行っても、他の楽器演奏者においては50ミリ秒程度タイミングが速まるのに対して、ドラム演奏者では17ミリ秒程度タイミングが速まるだけです。タッピング間隔のゆらぎも、ドラム演奏者は他の楽器の演奏者の$\frac{2}{3}$程

度です。ドラム奏者は、訓練により時間制御能力を向上させているため、等間隔で
タッピングする能力も高いのです。

図7-10　ドラムにおいてアクセントをつける拍とつけない拍におけるスティックの高さ

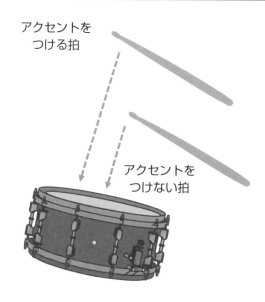

アクセントを
つける拍

アクセントを
つけない拍

COLUMN 熟練の演奏家は効率よく演奏する

　　熟練ピアニストたちは、フォルティシモで打鍵を繰り返すときに、腕の重さと重
力を上手に利用します。彼らは、決して筋力に頼らず、打鍵を繰り返しても疲労が
蓄積されないようにしているのです。実験によると、熟練ピアニストたちは、20分
ぐらいは連続してフォルティシモで打鍵を繰り返すことができました。初心者が同
じことをしても、10分程度で挫折してしまいました。初心者は、力任せに打鍵を繰
り返し、すぐに疲労してしまったのです。さまざまな楽器演奏において、熟練の演
奏家は効率よく省エネ奏法で演奏していることが示されています。

COLUMN ピアニストのテンポ修正能力

　リズムを刻むという演奏行為に関しては、熟練のピアニストも優れた能力を持っています。演奏中にある音が遅れてしまった場合には、とっさにテンポを速めて、テンポが乱れないように帳尻を合わせます。また、熟練のピアニストは、演奏のミスに気づく能力にも優れていますし、そのミスを事前に予知する能力にも優れていることが知られています。さらに、熟練のピアニストの脳の聴覚野にある神経細胞は、ほかの楽器の音への反応に比べて、ピアノの音に強く反応することが示されています。熟練のピアニストは、優れた演奏を行うために、脳を進化させているのです。

第**8**章

音楽を作る

　音楽を作り出すのは楽器の演奏音です。楽器の演奏音によりメロディ、ハーモニー、リズムが形成されるのです。楽器には、美しい音楽を作り出すために、さまざまな工夫がなされています。コンサート・ホールは、天井や壁からの反射音で、音楽演奏音に豊かな響きを付加します。また、最近のポピュラー音楽や現代音楽では、レコーディングや拡声などを実施するさいの、音作りの過程が重要な役割を果たします。

　本章では、メロディ、ハーモニー、リズムを作り出す楽器の仕組み、コンサート・ホールが音楽演奏音に豊かな響きを与える理由、ポピュラー音楽や現代音楽などで行われている音作りの過程など、音楽が生まれる現場の状況を解説します。

8-1

音楽の3要素を作り出す楽器

音楽を演奏する楽器の仕組み

　楽器は、メロディ、ハーモニー、リズムの音楽の3要素をコントロールして、音楽を作り出す道具です。管の共鳴を利用した管楽器、弦の振動を音源とする弦楽器などでは、美しいメロディやハーモニーを奏でるために、正確なピッチを作り出す工夫が施されています。ドラムのような打楽器は、明確なピッチを生じませんが、メロディや和音と衝突することなくリズムを刻むことができます。私たちは、多彩な楽器の音色によって、音楽を楽しむことができるのです。

▶▶ メロディ、ハーモニーを奏でる弦楽器

　弦楽器には、弦をはじいて音を出すギター、弦を擦って音を出すバイオリン、弦を叩いて音を出すハンマー・ダルシマーなどの楽器がありますが、弦の長さを変えてピッチをコントロールします。弦の長さと周波数には反比例の関係があります。弦の長さを半分にすると、弦から発生する音の基本周波数は2倍になり、ピッチはオクターブ上昇します。弦の長さが $\frac{2}{3}$ 倍になるとピッチは完全5度、$\frac{3}{4}$ 倍になると完全4度上昇します。

　弦楽器の中でも、ハンマー・ダルシマー（図8-1）やハープのように、多くの弦を備えた弦楽器では、それぞれの弦が別のピッチの音を発生します。鍵盤を使ってハンマーで弦を叩くピアノでは、鍵盤ごとに別々のピッチの弦が張ってあります。バイオリンでは弦は4本、ギターでは弦は6本ですが（図8-1）、指で弦を押さえて弦の長さを変化させて、広い範囲のピッチを発生させます。

　ギターやウクレレなどでは、複数の弦を同時に演奏することにより、一つの楽器で複数のピッチの音を発生させ、ハーモニーを奏でることができます。ピアノのように鍵盤を使って弦の音を発生させる楽器の場合も、複数弦を同時に鳴らせるので、一つの楽器でハーモニーを構成することができます。

図8-1　弦楽器：ハンマー・ダルシマー、ギター、バイオリン

ハンマー・ダルシマー
Photo：Wikipedia

バイオリン

ギター
Photo：PJ

▶▶ メロディ、ハーモニーを奏でる管楽器

　管の共鳴を利用した**管楽器**でも、弦楽器と同じように、メロディやハーモニーを奏でるために、正確なピッチを作り出す工夫が施されています。管楽器のピッチ（基本周波数）は、管の共鳴周波数（最低次の）に一致します。管の共鳴周波数は、管の長さに反比例します。管の長さを半分にすると、共鳴周波数は２倍になり、ピッチはオクターブ上昇します。管を $\frac{2}{3}$ 倍にすると完全５度、$\frac{3}{4}$ 倍にすると完全４度ピッチが上昇します。

　管楽器の中でも、パンパイプ（図8-2）のようにたくさんの管を備えている楽器は、それぞれの管で別々のピッチを発生させます。フルート（図8-2）、クラリネット、尺八などでは、一本の管に穴をいくつか開けて、それをふさいだり開けたりして管の実質的な長さを変え、共鳴周波数を変化させてピッチをコントロールします。トランペット（図8-2）やホルンなども、構造が複雑なためわかりにくいのですが、

管の長さを変えてピッチを変化させています。

　フルートやクラリネットでは単音しか出せないので、ハーモニーを奏でる場合には、複数の楽器で合奏する必要があります。パイプオルガンは、発音原理は管楽器と同様ですが、鍵盤で演奏しますから、幅広い音域を利用して一台の楽器で重厚なハーモニーを奏でることが可能です。

図8-2　管楽器：パンパイプ、フルート、トランペット

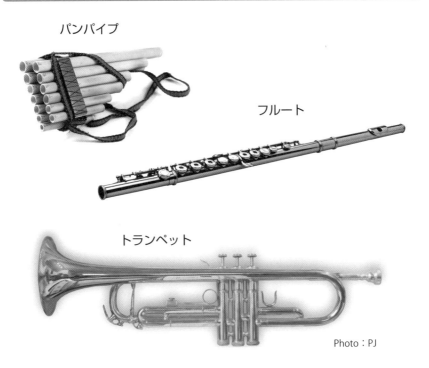

パンパイプ

フルート

トランペット

Photo：PJ

▶▶ リズムをつくるドラムの音

　主としてリズムのパートを担当する楽器が、**打楽器**と呼ばれる楽器類です。打楽器の中でも、**ドラム**と呼ばれる種類のものは、私たちになじみのある楽器でしょう。ドラムの類は、柔らかい膜をぴんと張って、スティック等を打ちつけて音を出します。

　ドラム類の多くで発音体となっているピンと張った円形の膜は、複雑な振動をするため、倍音系列を発生しません。そのため、ドラムの音からは、明確なピッチは感じられません。ドラム類はリズムを担当するため、明確なピッチ感があると、メロディや和音と衝突する恐れがあります。ピッチが明瞭でない音の方が好都合なわけです。

▶▶ 楽器はサウンドの要素も作り出す

　楽器は、音楽の３要素であるメロディ、ハーモニー、リズムを担う存在ですが、その機能を満たすだけなら、純音を使っても可能です。だたし、純音のみで演奏した音楽は、つまらない音楽にしかなりません。

　その点、楽器にはさまざまな種類があり、それぞれの楽器が豊富な成分音を含み、多彩な音色を奏でることができます。音楽の３要素は音楽の骨格として重要な要素ではありますが、それだけでは音楽になりません。演奏音の**サウンド**としての味わいがないと、音楽として楽しめないのです。私たちは、音楽を聴くとき、音楽の３要素ともに楽器音が奏でる豊かな音色（サウンド）を楽しんでいるのです。

　楽器には、多種多様な種類があります。オーケストラやブラスバンドの演奏風景を見ると、多くの楽器が使われていることが実感できます。また、世界には、さまざまなタイプの、さまざまな音色の民族楽器があります。オーケストラやブラスバンドで多様な楽器を利用するのは、さまざまな音域を担当させるためですが、多彩な音色の楽器を使って豊かな響きを作りあげるためでもあります。

　コンサート・ホールの**反射音**は、そんな楽器演奏音のサウンドをさらに豊かにする効果があります。ポピュラー音楽などでは、演奏音の編集、加工で磨きをかけたサウンドを仕上げます。私たちは、メロディ、ハーモニー、リズムの情報からのみ音楽を楽しむのではなく、トータルなサウンドで音楽を楽しんでいるのです。

第8章　音楽を作る

8-2
音楽の響きを作るコンサート・ホール

音楽を演奏する場の役割

音楽を生で聴くとき、私たちは聴いている部屋の響きとともに音楽を楽しみます。部屋の反射音が音楽の最後の味付けをしているのです。コンサート・ホールは、反射音を発生させて、豊かな音楽を作り出す空間なのです。

▶▶ 反射音が演奏音を豊かにする

私たちが、コンサート・ホールで音楽を聴くとき、楽器の音が直接耳に届く**直接音**だけを聴いているわけではありません。図8-3に示すように、壁や天井や床などから反射してから耳に到達する反射音も一緒に聴いています。コンサート・ホール内では、演奏音は反射を繰り返し、反射音が満たされています。

ホールの中で生ずる反射音は、建物の構造に伴って生ずる物理現象ですが、楽器演奏音の最後の味付けとして欠かせません。音楽専用に設計されたコンサート・ホール（図8-4）で聴く演奏は、多くの反射音が付加されて、豊かで潤いのある最上の音になります。

音響の研究には、音を吸い取る素材で壁、床、天井のすべてを囲った**無響室**（図8-5）と呼ばれる反射音がまったくない実験室が使われます。無響室のような響きのない空間で聴く音楽は味気ないものです。

ただし、反射音は多ければ多いほどいいというわけではありません。音が重なってメロディがわからなくなっては、音楽が楽しめません。響きが多すぎると、歌の場合には、歌詞の意味も聞き取れなくなってしまいます。人間の声や音楽がきちんと理解できることも、大事な要素です。そのために、直接音がきちんと聞こえていることが重要です。コンサート・ホールには、音楽のジャンルに応じた、ほどよい響きが求められます。

図8-3　直接音と反射音

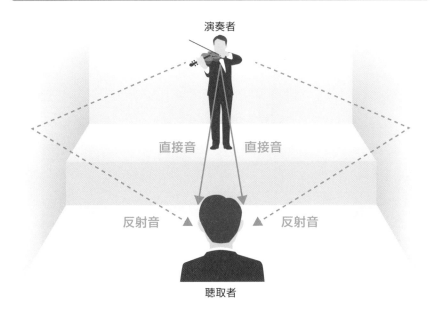

演奏者

直接音　　　直接音

反射音　▲　　▲　反射音

聴取者

COLUMN　残響時間：部屋の響きを表す指標

　コンサート・ホールで聞く音の質は、部屋の響き（あるいは反射）の状態によって大きな影響を受けます。部屋の響きの状態を表す指標が**残響時間**です。残響時間は、「一定のエネルギで満たした音を急に遮断したとき、60 dB減衰する（音のエネルギ密度が100万分の1に低下する）時間」という定義で定められています。

　よく「コンサート・ホールにおける理想の残響時間は2秒」といわれますが、ホールの容積や目的によって最適残響時間が異なります。部屋が大きくなるほど、最適残響時間は長くなります。また、オペラやミュージカルなどを上演するホールの場合、言葉を理解しやすくする必要があるので、最適残響時間は器楽演奏用のホールの場合よりも若干短めです。

図8-4　コンサート・ホール（ウィーン楽友協会大ホール）

Photo：Michal Osmenda

図8-5　無響室（反射音がまったくない部屋）

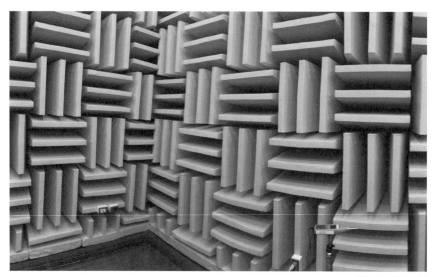

Photo：Togabi

ホールに広がり感をもたらす横方向からの反射音

　私たちは、コンサート・ホールで音楽を聴くとき、その音場から広がり感あるいは**音の空間性**といった印象を感じることができます。音の空間性を生じさせるのは2つの耳の働きによるのですが、広がり感を生じさせるためには、反射音の方向が影響します。

　フル・オーケストラなどの演奏では、広がり感があることが、ホールの評価を決める重要な要素となっています。ホールで十分な広がり感を得るためには、両方の耳に入ってくる反射音の間に時間差があることが必要とされます。天井からの反射音は同時に両耳に到達するので、両耳間の音圧の相関が大きく、広がり感を生じさせません。一方、横方向からの反射音が両耳に到達する時間にはずれがあり、その結果として両耳間の音圧の相関が小さくなり、広がり感が生じます。

　広がり感には、図8-6に示すように**みかけの音源の幅**と**音に包まれた感じ**の2

| 図8-6　音場から得られる「みかけの音源の幅」と「音に包まれた感じ」 |

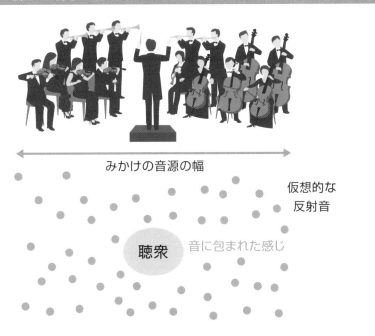

みかけの音源の幅

仮想的な
反射音

聴衆　音に包まれた感じ

つの側面があります。みかけの音源の幅は、聞こえている音源（楽器、オーケストラなど）がどれだけの横方向の広がりがあるかという感覚です。音に包まれた感じは、反射音で回りが満たされた感覚です。見かけの音源の幅は、初期に到達する反射音から感じることができます。音に包まれた感じを生み出すのは、後続の反射音です。

COLUMN 第1波面の法則の影響

「見かけの音源の幅は初期の反射音、音に包まれた感じは後続の反射音から得られる」と説明しましたが、より詳細には**第一波面の法則**を用いて解釈されています。反射音が直接音の到来から1ミリ秒程度以内に到来すると、直接音の方向は反射音の方向に少し引き寄せられます。しかし、反射音の到来が1ミリ秒程度以上あとからになると、直接音の方向は反射音に影響を受けることはありません。このような現象を「第一波面の法則」と呼んでいます。第一波面の法則は、反射音の遅れ時間だけでなく、強さや到来方向にも影響を受けます。反射音のエネルギー成分のうち、第一波面の法則が成立する上限を超える成分が音に包まれた感じに影響を与え、上限を超えない成分がみかけの音源の幅に影響するといわれています。

8-3

音楽制作における音作り

音楽を作り出す過程は複雑化している

　かつては、作曲家が曲を作り、演奏者が楽器を演奏して、音楽が完成しました。しかし、現代の音楽制作は、そこに「音作り」の過程が必ず入っています。完成度の高い音楽を作り上げるために、録音エンジニア、音楽プロデューサーといった人たちが音作りに手間と暇を惜しみなくかけています。

▶▶ 音楽制作プロセスの今と昔

　音楽が作られ、聴かれる過程は、かつては、作曲者が作った楽譜を、演奏者が演奏して、聴衆が聴くというものでした（図8-7）。この様な音楽制作の場合、演奏者以外の人間が音を作る、加工するというような過程は存在しません。ホールなどで演奏する場合、演奏音に部屋の響きが加わるという要素はありますが、演奏者以外の人間が意図的に演奏音の音作りに関わることはないのです。

　このような形態で私たちに音楽が伝達されることが、なくなったわけではありません。クラシック音楽の分野では、今でも、このような過程で音楽が伝えられています。しかし、現在、私たちが接する多くの音楽は、もっと複雑な過程で伝達されています（図8-7）。いろいろな場面で音を作る、加工あるいは編集するという行為が介在するのです。記録媒体を使っても、放送媒体を使っても、あるいはホールで音楽を演奏しても、「音を創造する」という過程なくしては、音楽を提供することができないようになってきたのです。演奏音にも、従来の楽器だけでなく、電子楽器やコンピュータが利用されるようになってきました。現代の音楽は、「音を創造する」過程の介在なくては、成立しないのです。

　録音スタジオでは、ミュージシャンが演奏した音は、**マイクロホン**で拾われた後、さまざまな**エフェクタ**で加工されます。**イコライザ**というエフェクタで、ある周波数帯域を強調したり弱めたりといったことをします。**ディレイ**とか**リバーブ**とかいったエフェクタで、人工的に残響を付加することもあります。演奏を間違えたりイメージに合わなかった場合、全部の演奏をやり直すのではなく、不具合のあっ

た部分のみ演奏しなおして演奏音を差し替えます。こういった「音作り」に関わる繊細な作業の積み重ねで、完成度の高い音楽ができあがるのです。

　また、コンピュータで作成した音楽をそのまま用いることも少なくありません。コンピュータで音楽制作する場合、音を作る、演奏する、加工する、編集する、調整するというすべての過程がコンピュータの中で完結します。

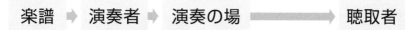

図8-7　音楽制作過程の今昔

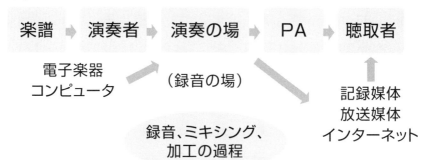

●昔

楽譜 → 演奏者 → 演奏の場 ━━━━━→ 聴取者

●今

楽譜 → 演奏者 → 演奏の場 → PA → 聴取者

電子楽器
コンピュータ　　（録音の場）

録音、ミキシング、
加工の過程

記録媒体
放送媒体
インターネット

▶▶ ポピュラー音楽はマルチトラック・レコーディングで作られる

　ポピュラー音楽の**レコーディング**の場合、演奏者が全員揃って演奏音を録音するといったことは、ほとんどありません。各パートのミュージシャンがそれぞれ演奏した音を、別々のトラック（チャンネル）に録音しておいて、あとでミキシングして音楽を作りあげるのが一般的です。ミキシングというのは、各楽器の大きさや音色のバランスを整えて、1つの音楽に仕上げる過程のことです。ポピュラー音楽などでは、**マルチトラック（多チャンネル）・レコーディング**が当たり前になっ

ています（図8-8）。スタジオでのレコーディングを専門にする、スタジオ・ミュージシャンも存在します。

　通常のポピュラー音楽の場合だと、32とか48とかのチャンネル数の音源を、2チャンネルにまとめることになります（この過程を**トラック・ダウン**といいます）。5.1チャンネル・サラウンド用の音源が求められることもあります。ディジタル信号処理及びコンピュータ制御技術の発展が、複雑で繊細なレコーディング・プロセスを支えています。

　こういった音楽制作過程においては、**録音エンジニア（ミキサー）**、**音楽プロデューサー**といった人たちが非常に重要な役割を担っています。演奏者が出した音というのは、単なる素材に過ぎません。それを音楽にしていくのが、この人たちの仕事なのです。音楽プロデューサーは、楽曲制作の全権を担い、楽曲や演奏者を決めて、自分の目指す音楽を作り上げます。録音エンジニアは、音楽プロデューサーやミュージシャンの意向を受けて、スタジオ内の機器を駆使して、リスナーが聴く音楽を仕上げます。

第8章　音楽を作る

COLUMN　録音エンジニアの役割

　録音エンジニアの役割は、音楽プロデューサーやミュージシャンの思い描く音楽のイメージを、リスナーが実際に聴く音に仕上げることです。そのため、彼らは、最後のミュージシャンであり、最初のリスナーであると言われています。彼らは、音楽プロデューサーやミュージシャンの「厚みのある音に」「パンチの効いた音に」といった要望から、「うらぶれた酒場の空気感を出して」「カリフォルニアの青い空のイメージで」という意味不明の要求までを音響特性に翻訳して、音を加工・調整するのです。

図8-8 録音スタジオでのレコーディングの様子

Photo：Tom Harpel

▶▶ コンサートでの音作り

音作りの過程が必要なのは、録音の現場だけに限りません。ロックやポピュラー音楽の場合、ライブの演奏においても音作りが必要とされます。演奏音は、マイクロホンを通して、あるいは直接ラインに接続され、電気的に増幅されて舞台両脇に設置されたスピーカから聴衆に届けられます。このような過程は、**PA**（**Public Address**）とか**SR**（**Sound Reinforcement**）とか呼ばれています。演奏音は、客席内に設置された**ミキシング・コンソール**で調整された後、スピーカに提供されます（図8-9）。このとき、イコライジングや残響付加といった音の加工が行われるのは、レコーディングの場合と同様です。

ミュージシャンは、自分が演奏した音がどの様な形で聴衆に伝えられるのかを、**PAオペレータ**（**PAエンジニア**）にゆだねることになります。PAオペレータは、ミュージシャンに代わって聴衆に伝える音を創造する存在と言えるでしょう。PAの現場は、ライブです。録音エンジニアと違って、PAオペレータは、会場の音響

特性を考慮しつつ、やり直しのきかない状況下で、最適な音作りを行わなければなりません。

図8-9 ライブの演奏のPAシステム

Photo：AgOw

▶▶ テクノロジィに支えられた現代音楽における音作り

　現代音楽の中でも、**ミュジック・コンクレート**、**電子音楽**といったジャンルの音楽の特徴は、伝統的な楽器に頼らず、音楽を作り出すことです。ミュジック・コンクレートでは録音した現実の音、電子音楽では発振器の音を素材にして、音楽作品を制作します。楽器の演奏の場合、楽譜上の指示を元に演奏者が解釈して、音楽に適した音を作り出します。発振器や録音機には、演奏者のような高度なふるまいはできません。曲想に合わせて、音を合成し、演奏し、加工し、編集し、選択する過程、すなわち音作りが制作者に委ねられ、それが作品制作の上で大きな意

第8章 音楽を作る

味を持つことになります。

　その後、コンピュータの進化とともに、**コンピュータ・ミュージック**が発展してきましたが、コンピュータ・ミュージックにおいても、音作りが大きな意味を持ち、より多彩な表現がなされるようになってきました。空間音楽的試みも多くなされ、音楽制作は、音場の構成も包含するようになり、音作りの対象を広げてきました。**メディア・アート**の世界では、視聴覚情報を融合した音作りや聴衆とのインタラクティブな応答に対応した音作りも盛んです。

COLUMN　ミュージシャンがモニタする音を作る人

　ポピュラー音楽のコンサートでは、聴衆は舞台両脇のスピーカから演奏音を聴きますが、その演奏音はミュージシャンにはうまく届きません。ミュージシャンに気持ちよく演奏してもらうためには、自分の演奏音や一緒に演奏するミュージシャンの演奏音がバランスよく聴こえるようにしなければなりません。

　そのために、コンサートの現場では、ミュージシャンがモニタするための演奏音も作られています。**モニタ・エンジニア**は、舞台上のミュージシャンが演奏しやすいように、各パートの演奏音のバランスをとって、ミュージシャンに演奏音を提供します。ミュージシャンは、イヤモニタ（イヤホン）あるいはモニタ用スピーカを使ってその音を聴きながら演奏するのです。

8-4

音楽の3要素はロバスト、サウンドはデリケート

トータルな音楽制作のためにサウンドの質向上が不可欠

メロディ、ハーモニー、リズムの音楽の3要素は、演奏する楽器、録音・再生の過程などの影響を受けずに伝達することができます。しかし、演奏音の情報は、音楽制作の各過程で、さまざまな影響を受けます。音楽を楽しむためには、音作りの段階での音質を高めることが不可欠です。

▶▶ メロディ、ハーモニー、リズムはロバストな情報

音楽の骨組みはメロディ、ハーモニー、リズムの音楽の3要素ですが、実際に音楽を楽しむためには、演奏という行為によって楽譜の情報を音の情報にする必要があります。私たちは、演奏の場あるいは録音・再生の過程を経て、演奏された音を聴取します。

このとき、演奏音は、楽器の良し悪しだけでなく、演奏の場や録音・再生の過程の特性の影響を受けます。ただし、楽器を含む伝送特性は、演奏音のスペクトルや響きなどに影響を与えますが、ピッチには影響を与えません。安物の楽器でも、チューニングがしっかりできるレベルのもので演奏者が優れていれば、ピッチの情報はきちんと伝えることができます。また、部屋の響きが貧弱でも、響きが過多でも、ピッチには影響はありません。さらに、録音・再生系で、多少歪んだとしても、ピッチの情報は保持されます。そして、ピッチの情報が保たれれば、メロディ、ハーモニーの情報は損なわれることはありません。

リズムの情報も、演奏者がしっかり演奏すれば、その情報は伝送系によって影響を受けることはありません。もちろん、部屋の響きが過多であるとか、エフェクタで残響を付加し過ぎれば、リズムやメロディがわかりにくくなります。しかし、妨害は受けるものの、メロディ、ハーモニー、リズムの基本的な情報は保たれています。音楽の3要素は、「雨ニモマケズ風ニモマケズ雪ニモ夏ノ暑サニモマケヌ丈夫ナカラダ」を持つ**ロバストな情報**といえるでしょう。

▶▶ サウンドは伝送特性の影響をもろに受ける

　一方、サウンド（演奏音、再生音）の情報は、楽器を含む伝送特性の影響をもろに受ける「ひ弱」な情報です。そして、私たちが楽しむのは、楽譜ではなく、サウンドの情報（演奏された音楽、再生された音楽）です。演奏音の質は、楽器の質に大きく左右されます。ホールの響きにも、大きな影響を受けます。さらに、録音・加工・再生といった過程によって、がらりと変わってしまいます。

　楽器がお粗末だったり、部屋の響きが貧弱あるいは過多だったりすると、演奏音の質はダメージを受けます。録音・再生系で歪んだり、ノイズが乗ってしまったりしたら、聴けたものではありません。サウンドの質を保つためには、楽器、ホール、音響機器など、音楽を作るツールの質の高さが不可欠です。サウンドの情報は、もろく、デリケートで、「取り扱い注意」な情報なのです。

　いくらロバストであるとはいえメロディ、ハーモニー、リズムだけの音楽情報は、味気ないものです。音楽を楽しむためには、サウンドの側面にも気を配る必要があります。音楽を作り出す側も、サウンド制作（音作り）まで配慮した、トータルな音楽制作が求められます。

第**9**章

音楽に感動する

　音楽の理解は無意識に形成されたスキーマによるものですが、音楽の感動は、スキーマからの裏切りからももたらされます。そのため、音楽の展開には、適度な意外性、引き延ばしが必要とされます。音楽を聴く楽しみは、音楽から伝えられる感情によっても味わうことができます。実際の生活では「悲しい」ことは避けたいものですが、音楽ではあえて「悲しい」表現を聴きたいという欲求もあります。また、楽譜からのカッコいい逸脱も、音楽の感動をもたらす大きな要素です。

　本章では、音楽を聴いて感動を生ずる過程、感情や感動を作り出すための音楽表現を解説するとともに、音楽から色を感じる現象や音楽を感じられなくなる失音楽症と呼ばれる症状についても紹介します。

音楽認知のスキーマ：音楽的感動をもたらすための心の枠組み

音楽の展開の予測と裏切りが感動を作り出す

音楽の体験は、胎児の時代に遡ります。その後、好みの音楽を見つけると、脳内に高度なスキーマを形成することができます。そのスキーマの働きで、展開を読みつつ音楽を聴いて、予測からの裏切りを楽しむようになります。

▶▶ 日常生活の音楽習慣がスキーマをつくる

初めて買ったレコードとかCD（今時なら、初めてダウンロードした音楽ということになるのでしょうか？）というのは、思い出深いものです。でも、初めて聴いた音楽となると、記憶はあやふやになってきます。私たちは、いったいどれぐらいの年代から、音楽を聴いているのでしょう？

実は、誕生前の胎児の時代から、音楽を聴いているのです。出産3ヶ月前からある曲を聴かせ続けると、生まれて1年ぐらいたっても、その曲に反応することが示されています。その後、いろいろな音楽を聴き続けることにより、音楽に対する**スキーマ**ができあがります。西洋音楽の文化の影響下では、長調や短調の音階を含む西洋音楽に対するスキーマが形成されるのです。西洋音楽の影響を受けていない文化圏（現代では極めて稀な環境ですが）で育った人たちにとっては、西洋音楽の音階に基づく音楽は耳慣れない感じがします。

小さい頃は受動的に与えられた音楽を聴くことのみが音楽経験ですが、次第に音楽に対する好みの意識が芽生えてきます。あるジャンルの音楽に興味を持つと、そのジャンルを中心に音楽を聴き始め、ジャンルやスタイルについての、より高度なスキーマを発達させることになるのです。こういったスキーマができあがると、聴いたことない曲を聴いても、アーティストやプロデューサー、さらに影響を受けたアーティストなどがわかるようになります。

▶▶ スキーマが音楽の展開を予測するが、予測を裏切ることも大事

　スキーマができあがると、意識するわけではないですが、音楽の展開を予測しながら音楽を聴くようになります。西洋音楽では、トニックのコードのあとは、サブドミナントかドミナントのコードが来て、最後はトニックのコードで終わります（第2章参照）。メロディが大きく上下に跳躍すると、元に戻ることを期待します。曲の最後は主音で終わるだろうと、信じて疑いません。

　こういったスキーマに従った音楽は、安心して聴くことができます。しかし、そんな規則通りの単純な音楽ばかりを聴かされていては退屈します。スキーマ通りの音楽を長時間聴き続けると、退屈しすぎて、眠たくなってしまうでしょう。予測に対するほどよい裏切りが、音楽に対する興味を持続させます。ただし、裏切りばかりの音楽だと、スキーマが適用できず、「訳がわからない」状態になってしまいます。

　私たちは、無意識のうちに、次にどんな音がくるのかを期待しながら音楽を聴いています。音楽の展開が期待通りなら、解決したようなすっきりした感覚を受け取ります。ただ、すぐに解決してしまうと退屈な曲になってしまうので、作曲家はちょっと意外な音に展開して聴衆をはぐらかし、解決を先延ばしにします。音楽の展開の**はぐらかし**と**先延ばし**がほどよい緊張感をもたらし、解決した時の満足感が大きな感動を生み出すのです。

第9章
音楽に感動する

COLUMN　音楽は何度でも感動させてくれる

　一般に情報の役割を果たすと呼ばれるものは、一度伝えられると、再度必要とされることはあまりありません。少なくとも、何度も繰り返し、同じ情報を得ようとは思わないでしょう。ところが、音楽は違います。何度も聴きたくなるのが音楽の特徴です。同じ音楽でも、聴くたびに感動を与えてくれることが、何度も聴きたくなる秘密でしょう。聴くたびに、違った感動を与えてくれる音楽もありますよね。レコードの時代には「溝がすり切れるほど」聴いたものです。

▶▶ ドボルザークの交響曲第9番『新世界より』の第4楽章でのはぐらかし

ドボルザークの交響曲第9番『新世界より』の第4楽章に、「はぐらかし」の例を見ることができます。図9-1に該当部のメロディを示します。第2小節に「E、F#、G」とピッチが連続的に上昇する部分（図9-1の（A））があり、その延長線上に「A」が来ることが予測されます。ところが、その予測をはぐらかし、再び「F#」に戻ります。予測と異なる展開をしたことで、この部分は印象に残ります。

そして、第6小節に再び「E、F#、G」の音列が登場します（図9-1の（B））。今度は、直前の展開から次に「F#」が来ることを予測するのですが、再び予測は裏切られ、今度は素直に「A」へと展開します。これは普通の展開なのですが、直前に裏切られたパターンなので、意外な感じがするのです。

図9-1　ドボルザークの交響曲第9番『新世界より』の第4楽章でのはぐらかし

▶▶ 脳が音楽を理解する

脳の中では、いろいろな部位が音楽の情報を処理しています。コード進行のような音楽構造に関するスキーマの活動は、前頭葉の**ブローカ野**のような言葉を作り出す領域の近くで行われています（図9-2）。音楽構造の処理の後に活性化される音楽の意味を処理する領域は、側頭葉の後ろ側の言語を理解する領域の**ウェルニッケ野**の近くにあります。音楽と言語に対する処理活動は、一部の神経資源を共有しながら、独立した径路も持っています。こういった脳に形成されたスキーマが、音楽展開の予測を行います。

脳内では、蝸牛から受け取った情報をもとに、ピッチ、音色、ピッチの変化パターン、リズムなどを個別に分析します。これらの処理結果を元にして、前頭葉は全体の時間パターンに応じた秩序や構造を見いだそうとします。前頭葉は、側頭葉の内部にある海馬などにアクセスして、過去に聴いた音楽の情報と照合します。そして、聴いている音楽情報が、過去に聴いたことのあるパターンなのかを判断します。

図9-2　脳の仕組み：脳内の機能局在図

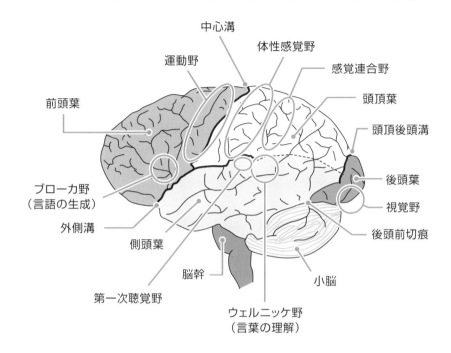

中心溝
運動野
体性感覚野
感覚連合野
頭頂葉
前頭葉
頭頂後頭溝
後頭葉
視覚野
ブローカ野
（言語の生成）
外側溝
後頭前切痕
側頭葉
脳幹
小脳
第一次聴覚野
ウェルニッケ野
（言葉の理解）

COLUMN　ウェルニッケ野とブローカ野

　言語を理解する領域であるウェルニッケ野は、感覚性言語中枢ともいわれています。この部位が損なわれると、聴覚には問題がないにもかかわらず、話している言語が理解できなくなります。言語を生成する領域であるブローカ野は、運動性言語中枢とも呼ばれています。この部位が損なわれると、声は出せるのに言葉が出てこなくなります。

9-2
脳は音楽を記憶し、音楽の好き嫌いを判断する

ほどほどの複雑さを持った音楽が好まれる

人間の脳は、多くの音楽をかなり正確に記憶しています。音楽を楽しむ時には、記憶の中の音楽と照合します。脳が好きになる音楽は、単純すぎず複雑すぎず、ほどほどの複雑さを持っています。ただし、ほどほどの複雑さには個人差があります。

▶▶ 音楽の記憶

私たちは、繰り返し聴いた曲だと、かなり正確にその音を記憶しています。記憶した曲を歌わせると、多くの人がオリジナルのキーと近い高さで歌えるといいます。また、音楽をイメージしただけで、音楽を聴いたときと同じような脳の活動が計測されます。

音楽の記憶は、潜在的にではありますが、かなり忠実な形で蓄えられています。記憶は、脳の特定の場所に保管されているのではなく、ニューロンのグループによりコード化されています。それが正しく構成されると、記憶が呼び戻されて、音楽の情報が再生されます。もし、音楽が思い出せなくなったら、それは記憶が保管されていないからではありません。保管されている記憶にたどり着く手がかりが見つからないだけなのです。

音楽の記憶は、その音楽を聴いたときの出来事と組み合わされて、保存されています。懐かしい音楽を聴くと、あの頃の甘酸っぱい記憶も呼び覚ますことがでるのです。

▶▶ 音楽の好みに対する逆U字曲線

音楽の複雑さと音楽に対する好みの関係は、図9-3に示すような**逆U字型の曲線**で表現できます。図9-3では、横軸に音楽の複雑さを表し、縦軸にその音楽に対する好みを表しています。縦軸は、プラス側に行くほど、より好きな音楽であることを表します。横軸は、プラス側に行くほど、より複雑な構造の音楽であること

を表します。

　横軸の原点付近（左端）はとても単純な構造の音楽で、退屈でつまらなく、好みも最低値となります。原点から右に移動して音楽の構造が少し複雑になると、次第に好みも上昇していきます。ところが、ある複雑さを越えると、好みは低下します。音楽の構造が複雑になり過ぎると、構造や秩序を理解することができなくなるため、好みは再び最低値となります。その結果、音楽の複雑さと好みの関係が、逆U型の曲線になるのです。

　ただし、許容できる複雑さの度合いは、個人の音楽経験に依存します。音楽ジャンルに応じた高度な音楽スキーマが形成されているような音楽好きだと、一般の人に理解できないような複雑な構造をした音楽を「好きだ」と判断します。

図9-3　音楽の好みに対する逆U字曲線

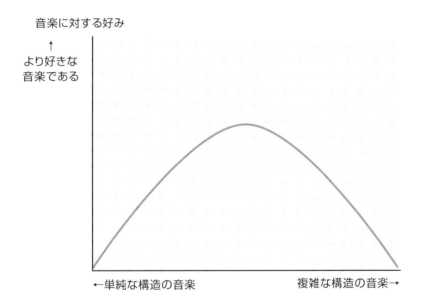

音楽に対する好み
↑
より好きな
音楽である

←単純な構造の音楽　　複雑な構造の音楽→

音楽の複雑さ（予測できなさ）

9-3

音楽は感情を表出する

音楽が伝える感情を楽しむ

　私たちは、楽曲の構造や展開を分析しながら音楽を聴いていますが、同時に、あるいはそれ以上に、音楽から感じられる感情を楽しんでいます。楽しい音楽、悲しい音楽、恐怖を感じる音楽など、音楽作品はさまざまな感情を表出しています。音楽自体が表出する感情もあれば、演奏行為で表出することもあります。

▶▶ 音楽が伝える感情

　音楽を演奏する多くの演奏家が、音楽で感情を表出できるものと考えて演奏しています。また、聴衆の側も、多くの人たちが音楽から感情を感じていることを自覚しています。**感情表現**は、音楽の担う重要な情報であることは、疑いのない事実でしょう。

　音楽の構造自体で伝える感情もあれば、演奏行為によって伝わる感情もあります。同じ曲でも、テンポが変わると、伝わる感情も変わってきます。そして、基本的な感情表現に関しては、日本音楽、西洋音楽、インド音楽などで大きな違いはなく、文化的背景の影響はあまりないようです。

　音楽で感情表現する能力は、5歳前後の子供においても、すでに備わっています。同じ歌を楽しそうに歌ったときと悲しそうに歌ったときを比較すると、子供たちは、楽しそうに歌ったときの方が、より速いテンポで、より大きな声で歌います。また、その感情表現は、子供にも、大人にも正しく伝わります。

▶▶ 音楽が伝える感情と音楽表現の関係

　喜びの感情は、速いテンポ、テンポのゆらぎが小さいこと、スタッカート（音を短く切って演奏する）の利用、強い音、明るい音色などによって表現できます。**悲しみ**の感情は、喜びの感情と対照的に、遅いテンポ、演奏タイミングのゆらぎが大きいこと、レガート（音をなめらかにつないで演奏する）の利用、弱い音、鈍い音色、アタックの弱さなどで表現できます。

また、**怒り**の感情は、速いテンポ、テンポのゆらぎが小さいこと、スタッカートの利用、大きな音、鋭い音色、ノイズ成分の付加などで表現できます。**恐怖**の感情は、速いテンポ、テンポのゆらぎが大きいこと、スタッカートの利用、小さい音、音の大きさのゆらぎが大きいことなどで表現できます。

▶▶ 悲しい音楽を好んで聴くのはなぜ？

音楽演奏を聴いて、「悲しい感じの曲」といった音楽が表現する「悲しみ」は理解可能で、多くの悲しい曲が存在します。ただし、音楽によってもたらされた悲しみは、日常生活で感じる本当の悲しみとは少し様相が違っています。

もちろん、悲しみの性質自体は変わらないでしょう。しかし、日常生活で感じる悲しみはしばしば耐え難いもので、ましてや進んで悲しみを感じるような行動をすることはないでしょう。しかし、音楽によってもたらされる悲しみは、積極的に求められています。私たちは好んで悲しい曲を聞きます。歌詞にも悲しみは頻繁に出てきます。また、悲しみを伝える曲、タイトルに「悲しさ」（悲しい、悲しみ等）がつく曲もたくさん存在します（表9-1）。表9-1に示した曲はヒットして多くの人が知っている曲です。もちろん、タイトルに「悲しさ」をつけてもまったくヒットしなかった曲もたくさんあります。そうなったらリアルに「悲しい曲」になってしまいますね。

表9-1　タイトルに「悲しさ」（悲しい、悲しみ等）がつく曲

タイトル	アーティスト
悲しい歌	ピチカート・ファイヴ
悲しい色やね	上田正樹
悲しい酒	美空ひばり
悲しみ本線日本海	森昌子
悲しくてやりきれない	ザ・フォーク・クルセダーズ
どうしてこんなに悲しいんだろう	吉田拓郎
悲しみがとまらない	杏里

日常の「悲しみ」は、家族や恋人の死、深刻な病気、失業、受験の失敗といった、

自分にとって大きな損失によってもたらされるため、強い「不快」感が生じます。これに対して、音楽からもたらされる「悲しみ」は、直接の損失が伴うわけではありません。音楽の中で「代理的な悲しみ」を体験するに過ぎないのです。このような状況においては、悲劇を鑑賞するような感じで、「悲しみ」が「快」となりえるのです（図9-4）。

図9-4　悲しい音楽を聴く

▶▶ 演奏者の動作が音楽の感情表出に影響する

　演奏者は、音楽で感情表現をする場合、演奏音をコントロールするだけではなく、顔の表情や身体の動作でもその感情を表現します。悲しみを表現するためにゆったりとしたテンポで演奏すると、身体の動作もゆったりとしたものとなるように、演奏者の動作は自然なものです。

　しかし、場合によっては意図的に演奏動作を極端にして、感情表現を強めることもあります。また、演奏家は、身体の動作だけではなく、顔の表情も感情表出の手段として活用しています。

　音楽を聴いている側も、視覚情報が加わることにより、悲しみや楽しみといった

感情表出をより的確に受け取ることができます。音楽の感情表現を強める視覚情報の効果は、映像によって得る場合よりも、生演奏で得る場合の方がより顕著になります。

COLUMN ## 音楽コンクールの優勝者は見た目で決まる？

　演奏家の動作の効果は、音楽コンクールでの評価にまで影響を及ぼすのでしょうか？　そのことを検証した研究があります。その研究では、過去に行われたクラシック音楽のコンクールにおける優勝者を3人の演奏者から当てるクイズを、演奏音のみを聴く条件と演奏を行っている映像のみを見る条件で行っています。その結果、映像のみを見る条件の方が優勝者を当てる確率が高かったのです。演奏者の視覚的情報は、コンクールでの評価に影響を及ぼしているようです。音楽コンクールでの優勝を目指すなら、見た目を良くすることに力を注ぎましょう。

9-4

音楽の感動はドーパミンによって生まれる

音楽のワクワク、ゾクゾクを作り出す仕組み

音楽は、ときにその後の人生に影響を及ぼすほどの、大きな感動をもたらします。このような大きな感動は、脳内の快楽物質であるドーパミンによって生じます。ドーパミンがもたらす快楽による報酬が、音楽を聴き続ける理由になっています。

▶▶ 音楽を聴いて、ワクワク、ゾクゾクする

音楽を聴いて、大げさな表現ではありますが、「鳥肌が立つような感動」を憶えたことはないでしょうか？ ベートーベンの交響曲やショパンのピアノ曲でそんな感動を憶えた方は、それがきっかけでクラシックのファンになったかもしれません。エルビス・プレスリー、ビートルズ、マイケル・ジャクソン、レディー・ガガのようなスーパー・スターは、世界中の若者にそんな感動を届けた存在です。

クラッシック一筋だった音楽家が、ジャズの演奏に心を奪われてその後のジャズ・ミュージシャンになったとか、ボブ・ディランを聴いてその後の生き方を変えたとか、音楽の感動が人生のターニング・ポイントになった例も耳にします。こういった音楽が引き起こす強い感情は、大脳皮質の奥で生ずる**快楽物質**の作用によってもたらされます。

▶▶ 音楽の感動は快楽物質「ドーパミン」の分泌による

音楽を聴くと、最初に音や音楽の構造を分析する聴覚野が活性化しますが、その後脳のいろいろな領域が次々と活性化していきます（図9-2参照）。脳は、メロディ、リズム、ハーモニーを処理する部位や過去の音楽体験の記憶を呼び覚ます部位を動員して、音楽をより高いレベルで理解しようとしているのです。

そして、「ワクワク、ゾクゾクする」体験を感じる部分で、脳は**ドーパミン**と呼ばれる神経伝達物質を放出します。ドーパミンは、人間に強い快楽をもたらす作用をする物質で、ギャンブラーが賭けに勝った場合など、報酬、動機づけ、覚醒

に関与する領域の活性化で生じます。麻薬によってもドーパミンが生じるので、その快楽に溺れて中毒におちいってしまうのです。

COLUMN　ドーパミン

　ドーパミンというのは、脳の中の報酬系と呼ばれる回路で放出される脳内神経伝達物質で、幸福感、満足感をもたらします。ドーパミンが不足すると鬱になることも指摘されています。脳が巨大化した人間は、ドーパミンの放出を求め、「遊び」を強く求めるようになりました。遊びは、いつしか芸術活動の形に昇華し、その一つの形態が「音楽」だったのかもしれません。

芸術的逸脱：名演奏は楽譜通りには演奏していない

カッコいい「ずらし」「ゆらぎ」が感動を作り出す

人間の演奏は、厳格に楽譜の指示に従って演奏しているわけではありません。制御しきれずにテンポがゆらぐこともありますし、芸術的な表現をするために意図してゆらぎをつくることもあります。

▶▶ 楽譜通りには演奏しない、演奏できない

音楽のレッスンでは、よく初心者に、「楽譜どおりに演奏しましょう」と注意を与えています。この指導は、「ド」と「レ」の区別、あるいは4分音符と8分音符の区別もままならない、音楽初心者にとっては当を得たものです。

しかし、プロフェッショナルなレベルの音楽演奏家が、本当に楽譜通りに演奏しているのでしょうか？　耳で聴いても、ちょっとタイミングをずらして、カッコよくフレーズを刻んでいるなと感じる演奏もたくさんあります。実際にプロフェッショナルなミュージシャンの演奏を分析すると、ピッチやタイミングが楽譜から相当ずれている例もたくさんあります。

また、コンピュータで律儀に楽譜通りに演奏した音楽と、プロフェッショナルなミュージシャンの演奏を聴き比べると、その違いは一目瞭然（一耳瞭然？）です（AIなど使わないレベルの話ですが）。演奏家が意図して楽譜からずらして音楽的に演奏することは、古くから知られており、**芸術的逸脱**と呼ばれてきました。

また、人間は機械ではないので、ある程度のゆらぎをもって演奏せざるをえません。コンピュータの演奏では、このゆらぎはありませんから、不自然に聞こえてしまうのです。ただし、演奏技術が未熟なために生じる大きなゆらぎは、聴けたものではありません。

▶▶ ギター演奏におけるゆらぎ

図9-5に表したのは、渡辺範彦というギタリストが弾いた『禁じられた遊び（愛

のロマンス)』の最初から1拍ごとの演奏時間を測定したデータです。同じ1拍でも演奏時間が異なっています。テンポに**ゆらぎ**があるからです。

　図9-5に見られるテンポのゆらぎを詳細に検討すると、小刻みに変動するゆらぎと、大きなうねりのようなゆらぎがあることがわかります。小刻みなゆらぎは、テンポの制御をしきれなかった人間の生理的な要因に基づくバラツキです。大きなうねりのようなゆらぎは、演奏者が意図したゆらぎです。図9-5によると3拍を1周期とするうねりのようなゆらぎが顕著ですが、それはこの曲が3拍子だからです。この曲では、3拍目を長めに演奏する傾向があり、箇所によっては1拍目も長くなっています。このゆらぎは演奏者が意図したもので、この曲に対する解釈を演奏に表現した結果として生じたものです。

図9-5　『禁じられた遊び（愛のロマンス）』におけるテンポのゆらぎ

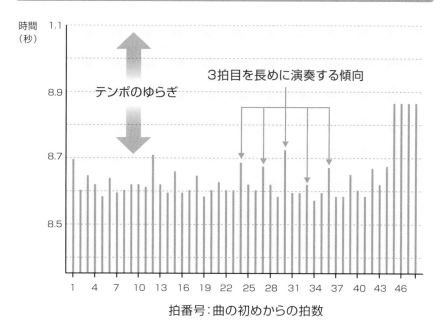

池内智、佐々木実、北村音一、日本音響学会誌、228-234、1984、図4

▶▶ ピアノ演奏におけるゆらぎ

　図9-6にモーツァルトの『ピアノソナタK.331』を演奏したときの、右手のパートの各音に対する楽譜上の長さからの逸脱を示します。図9-6に示す2つのデータは、同じ演奏者が2回演奏したものです。2回のデータ（縦軸）は、ほぼ一致しています。そのため、ここで示された楽譜からの演奏時間の逸脱が、偶然生じたものではなく、演奏者が意図したものであることがわかります。

　もし、楽譜通りの長さで演奏していたとしたら、図9-6のデータはすべて0になるはずで、データが上下することはありません。実際には、ずいぶん変動があり、大きな特徴として4小節目と8小節目の最後で演奏時間がずいぶん長くなっています。これらの2つの部分は、フレーズの切れ間に当たる部分です。演奏者は、フレーズの切れ間に合わせてテンポを遅くすることにより、フレーズの切れ目をわかりやすくしているのです。フレーズの切れ目でリタルダンド（だんだんゆっくりになる）がかかるのは、西洋音楽では一般的な傾向で、多くの演奏家に共通してみられます。

図9-6　『ピアノソナタK.331』の右手パートの楽譜上の長さからの逸脱

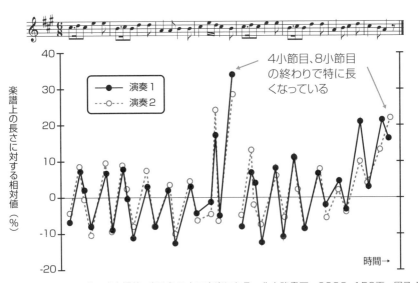

谷口高士編著，音は心の中で音楽になる，北大路書房，2000，159頁，図7-1

▶▶ カッコいい「あとノリ」を生み出す

　ポピュラー音楽では、よく**ノリ**のいい演奏という言い方をしますが、楽譜からの意図的なずれがノリの良さを作り出しています。スイング・ジャズのミュージシャンが醸し出すスイング感も、ノリの良さがないと生み出せません。音楽から感動を得るためには、ジャンル特有のノリは欠かせません。

　安室奈美恵が歌った『Never End』の分析研究によると、「Never End Never End」と歌うフレーズの冒頭部の「Never」の部分（図9-7）が楽譜で指定されたタイミングより70ミリ秒遅れて演奏されていることがわかりました。**あとノリ**といわれるかっこいいノリは、この微妙なタイミングのずれが生み出したものです。

> **図9-7　『Never End』のフレーズ冒頭部**

> ここが，楽譜より70ミリ秒遅れて演奏されている。このずれが「あとノリ」といわれる，かっこいいノリを生みだす。

▶▶ 時間比率を極端に表現する

　等間隔に近い音列を聴取したとき、1秒より短い時間間隔に対しては、人間の聴覚は、実際の物理的な時間間隔の違いを補正して、音列を等間隔に近づけて感じる傾向があります。2つの時間間隔が同じでない場合でも、その差が小さいと、同じと感じてしまうのです。

　したがって、2つの時間間隔の違いを感じさせるためは、その差を際だたせる必要があります。そのため、演奏者は、時間間隔の違う音符を演奏するとき、記譜上の長さの違いよりも、より強調した時間比で演奏する傾向があります。聴いている方も、その方が自然な演奏に聴こえ、音楽を楽しめます。

▶▶ ピッチにおける芸術的逸脱

　ピッチにおいても芸術的逸脱はみられます。ピアノのように、出せるピッチが固定されている楽器ではピッチを音名の音からずらすことはできませんが、歌唱などピッチを連続的に制御できる場合には、演奏音のピッチが楽譜上の音名からずれることがあるのです。

　実際に、歌唱では、ピッチの逸脱が生じています。同じピッチが続くときはメロディの進行方向に影響されてピッチが変化する、飛躍するような上昇音程は拡大される、導音のピッチは主音に引き寄せられるなどの傾向があります。

▶▶ 楽譜で表現できないメッセージを伝える

　楽譜で伝えられる情報には限りがあります。ノリのような要素は、楽譜には表現されていません。演奏家は、楽譜からの情報をもとに、自分の解釈を含めて音楽をイメージします。そして、演奏家は、楽譜から解釈された音楽イメージに従って、演奏するのです。作曲者が楽譜に託したメッセージを伝え、聴衆に感動を与えるために、演奏家は楽譜通りには演奏しないのです。

　芸術的逸脱というのは、演奏家が音楽の芸術的な質を高めるために意図的に楽譜からずれた演奏をすることです。音楽の感動は、芸術的逸脱によってもたらされるのです。

COLUMN　合奏における演奏時間のずれ

　合奏で同じ音を演奏するとき、タイミングを「合わせて」演奏することが大前提ですが、人間が演奏すると微妙な「ずれ」が生じてしまいます。しかし、この微妙なずれが音楽的に意味のある効果をもたらしています。例えば、弦楽四重奏で2台のバイオリンが同時に同じ音を弾いたときには、30〜50ミリ秒程度のずれが生じます。このずれがもっと大きくなると2音が異なるタイミングで鳴っているように聞こえ、ずれがなくなると2音が融合して一つの音にしか聞こえません。実際の演奏で生じる微妙なずれは、ちゃんと複数の音であることがわかりつつ、しかも「合っている」と感じられる範囲のずれなのです。そして、このような発音タイミングのずれがあることによって、合奏特有の「音の厚み」が生まれるのです。

9-6

音楽を聴いたら色が見える

共感覚が作り出す不思議な世界

音楽を聴いたとき色が見えるという人がいます。普通の人でも、音楽から色のイメージを感じるといったことはあるのですが、はっきりとした「色」が見える人もいるのです。音楽を聴いたとき、脳の聴覚に関する部位だけではなく色を知覚する部位も活性化するので、色が見えるのです。こんな現象のことを共感覚といいます。

▶▶ 音楽から連想される色

音は耳で聴き、色は目で見るものです。しかし、耳で聴いた音楽から色が連想されることもあります。こういった体験は、だいたい過去の経験によるものです。『赤いスイトピー』とか『青い珊瑚礁』など、タイトルに色がついている場合や、歌詞の印象的な部分に色が使われていると、曲を聴いたときにその色が思い浮かぶのです。

また，音楽がもたらす感情と、同じ感情をイメージさせる色を利用すると，音楽と色彩をマッチングさせることができます。情熱的な印象の音楽は、情熱的なイメージを持つ赤系の色彩とマッチします。鎮静的な印象の音楽は、静的なイメージの青系の色彩とマッチします。演奏会では、こういった音楽がもたらす感情をイメージさせる色の照明を行うと、音楽と色がマッチして、音楽が伝える感情をより強調して伝えることができます。音楽と色のマッチングは音楽の感動をより印象的なものにするのです。

▶▶ 音楽から見える色

音楽から色を連想することは誰もが体験することですが、中には「音楽を聴いたら色が見える」という特異な人がいます。こういった一つの刺激が複数の感覚を生じさせる現象を**共感覚**といいます。共感覚はいろいろな感覚間で生じますが、「音楽を聴いたら色が見える」感覚のことを**色聴**といいます。色聴はいろいろな音の性質と対応して生じますが、絶対音感者の中には、ハ長調は白、ニ短調は黄色

というように、調に応じた色を感じる人もいます。

　ロシアの作曲家スクリャービンは共感覚の持ち主で、自分自身の色聴の感覚を表現しようと、交響曲『プロメテウス　―火の詩―』を作曲しました。この曲によって、大編成オーケストラの演奏に合わせて、自分の感じる色の光をコンサート・ホールいっぱいに投影することを意図しました。音楽と光を使って、より大きな感動を生み出そうとしたのでしょう（図9-8）。

　こうした色聴の感覚を持った共感覚者においては、目をつむって音楽を聴いたときに、脳の聴覚に関する部位だけでなく、色の知覚に関する部位まで活動しています。音楽を聴いているので**聴覚野**が活動するのは当然なのですが、目をつむっているので**視覚野**の一部である色知覚野は活動しないはずなのですが、活動が観測されたのです。

図9-8　スクリャービン『プロメテウス―火の詩―』の演奏風景

https://www.youtube.com/watch?time_continue=2&v=V3B7uQ5K0lU&feature=emb_logo
「Scriabin's Prometheus: Poem of Fire」

9-7

音楽が理解できない

失音楽症という病

音楽を理解するのは脳の働きよるものですから、脳が損傷すると、音楽がわからなくなったり、歌うことができなくなったりします。よく知っている曲の名前を忘れることも、音は聞こえるのに音楽が理解できないこともあります。

▶▶ 脳の損傷で音楽が理解できなくなる

音楽を理解するのは、脳の働きによるものです。音楽を聴いて感動するのも、脳の活動なのです。したがって、脳のある部分が損傷されると、音楽がわからなくなったり、歌うことができなくなったりします。言葉でも同様のことがあり**失語症**と言われますが、音楽に関する機能が奪われた場合には**失音楽症**と言われます。

失語症の症状がさまざまであるように、失音楽症の症状も多様です。音が聞こえているのに言葉が理解できないという症状があるように、音は聞こえるのに音楽が理解できないこともあります。

▶▶ 右脳の損傷で音楽健忘に

言語の機能が**左脳優位**であるのに対して、音楽の機能は**右脳優位**であるとの傾向が指摘されていますが、音楽処理の右脳優位性はそれほど明確ではありません。メロディの情報に関しては、全体的な流れに関しても、各音のピッチの細かな違いの区別も、右脳で処理されます。しかし、曲名や作曲者、演奏者の認知、楽器の聞き分け、音程の違いなどの認知は左脳で処理されます。

その結果、歌唱や演奏などがうまくできなくなる症例は、右脳の損傷によることが多いといわれています。一方で、左半球だけに病変がある患者にも失音楽症が認められています。歌唱能力は基本的に右脳の活動によるものですが、歌唱の開始や維持には左脳も関与しているようです。

▶▶ モーリス・ラベルの失音楽症

音楽史上、最も有名な失音楽症の患者は、モーリス・ラベルだといわれています。発症時期は、1926 ～ 1928年と考えられています。ラベルが、51 ～ 53歳の頃でした。1927年のバイオリン・ソナタ初演のときに、ラベルが自分の楽譜を前にひどく迷っていたことを、共演したバイオリニストに指摘されています。原因は、発症当時には多忙な生活から来た疲労とストレスだと言われていましたが、現在では神経変性疾患の一種だったと推測されています。

1932年のピアノ協奏曲初演時には、ラベルはピアノを弾く予定でしたが、ピアノ演奏は他者にゆずらざるをえず、指揮を担当しました。ただし、失音楽症発症後も創作能力は衰えず、『ボレロ』（1928）や『ピアノ協奏曲ト長調』（1931）などを作曲しています。

COLUMN **音楽無感症**

脳の損傷により、音楽の認知能力は正常であるにも関わらず、鑑賞能力だけが障害を受けることがあります。このような症状を、**音楽無感症**と呼びます。音楽無感症の症例によると、以前に感動して聴いていたお気に入りの音楽を聴いても、何の感動も湧かなくなったといいます。

第**10**章

音楽を活用する

　音楽は、心に訴えかけるメッセージを担い、「鑑賞」する存在として発展してきました。しかし、心に働きかけるチカラを活かして、音楽は鑑賞以外の目的でさまざまな用途に用いられているようになってきました。BGM は私たちのまわりにあふれていて、空間の雰囲気づくりに貢献しています。メッセージを伝えるサイン音に音楽的要素を利用した例も多くあります。音楽は、健康維持や心を癒すためにも使われます。テレビや映画でも、音楽は重要な役割を果たしています。また、イベントを盛り上げるために利用されている音楽もあります。

　本章では、音楽の機能を活かした BGM、サイン音における音楽の活用、音楽療法、映画音楽、シンボリックな意味を担う音楽などについて解説します。今や、音楽はさまざまな用途に活用されています。

BGMが生活空間を演出する

空間の雰囲気づくりに活かす音楽のチカラ

BGM（Background Music）は、商店街やデパート、レストラン、ホテルなど、商業空間や公共空間の至る所で流されています。聞き流すだけでも、BGMは人の心に働きかけ、なごみや安らぎを与えてくれます。BGMは、空間の演出にも効果的です。

▶▶ 広く用いられているBGM

BGMの起源は、工場労働者の作業環境改善のために導入された音楽です。BGMは聴くための音楽ではなく、聞き流す音楽です。BGMの導入によって、生産性が高まり、作業疲労が軽減し、士気が向上し、ミス率が減少することが、実証されてきました。アメリカでは、いち早く、BGM配給会社が設立され、第二次世界大戦中および戦後にかけて大いに発展しました。BGMの代名詞とされる**ミューザック（Muzak）**社は、その中でも最大のものでした。

病院などの医療の現場でもBGMが使用されています。音楽には、滅入り込もうとする患者の気持ちを明るく引き立て、無用な恐怖心を除去する効果があります。歯科治療や外科手術などでは、痛みの除去にも効果が認められています。病院でのBGMの利用は、医療を行う側にも試みられています。手術中の医師にBGMを聞かせている病院もあります。

デパート、レストラン、スーパーマーケット、ホテル、駅のプラットホームといったところでも、BGMが活用されています。BGMは空間の雰囲気づくりに効果を上げ、営業成績の向上にも大いに貢献しています。BGMの導入は顧客の滞在時間を延ばし、売り上げ増につながるといいます。客の入れ替えを促す効果のあるBGMも使われています。高級品を扱うような店だと、クラシック音楽で格調の高さを演出します。クラシック音楽は、商品価値を高める効果ももたらします。

通常、BGMは客を呼び寄せるために用いられますが、客を寄せつけないために用いられることもあります。アメリカのあるセブン・イレブンでは、たむろする

ティーンエイジャーを追い払うために、クラシック音楽をBGMに使いました。この作戦は大成功で、他のチェーン店も後に続いたといいます。

　BGMはオフィスや図書館でも活用されています。音楽がもたらすリラクゼーション効果や、事務機やエアコンのノイズや話し声を聞こえにくくする**マスキング**効果を期待したものです。BGMによって、騒音を軽減できるのです。BGMにより、人に聞かれたくない内緒の話（**スピーチ・プライバシー**）を守ることも可能です。BGMの利用を快く思わない人もいるのですが、BGMはおおむね好意を持って受け入れられているようです。

▶▶ 音環境デザイン：オリジナルなBGMを用いる

　全国各地にある「○○タワー」などと呼ばれる高層階の展望室では、空間を演出する効果をねらって、オリジナルのBGMが導入されています。これらの施設では、BGMによって居心地のいい空間を作り出しています。

　札幌のJR展望室T38では、「天球の音楽」が流れ、眺望客をあたたかく迎えてくれます。東京タワーの大展望室の2階部分では全体を包み込むような、ゆったりとした音楽、1階部分では少しポップな音楽が流されています。京都タワーの展望室のBGMは、控えめでさりげないものです。

　東京スカイツリーの「天望回廊」（図10-1）でも、時間、季節、気象条件の移り変わりに応じたBGMが流れています。眺望を楽しむタワーでの展望空間では、空間の特性に合わせたオリジナルのBGMを用いる**音環境デザイン**は、雰囲気づくりに効果的です。いずれの展望室でも、流れる音楽に身をまかせ、心地よく街の眺めを楽しむことができます。さりげない演出音で、空間の魅力を向上させています。

第10章
音楽を活用する

図10-1　東京スカイツリーの「天望回廊」

Photo：Kakidai

COLUMN　**理想のBGMを作りませんか？**

　BGMを嫌う人もいます。BGMを嫌う人は、音楽がわからない人たちではありません。むしろ、音楽に精通している人たちです。BGMを背景音楽として聞き流すことができず、BGMを聴いてしまうので、耐えられなくなるのです。理想のBGMは、誰もが「聞き流してくれる」音楽です。そんな音楽を作り出せたら、需要は多いと思います。

10-2

メッセージをメロディに乗せて：サイン音への音楽の適用

メッセージ伝達に活かす音楽のチカラ

　サイン音はメッセージを伝える音として広く用いられています。サイン音の中には、音楽を用いたもの、音楽的な表現を用いたものなども、多く利用されています。音楽的な表現は、サイン音の利用範囲を広げることに貢献しています。

▶▶ サイン音はメッセージを伝える

　サイン音というのは、危険を知らせる警報音、機械の異常を知らせる警告音、電話の呼出音、洗濯機や電子レンジの稼働終了音のように、メッセージを伝える音のことです。サイン音は多くの家電製品に備えられ、操作の受付や動作の終了を音で知らせてくれます。鉄道の駅では、列車の到着や発車を音で案内してくます。自動車内でも、多くのサイン音が用いられています。

　快適な印象にするために、メロディや和音のような音楽的な要素を活用したサイン音も多く利用されています。メロディや和音を利用することで、サイン音は広い周波数の範囲の音を含むことになります。特定の周波数範囲の音が聞こえにくくなっている聴覚障がい者、高齢者にとっても、これはありがたい状況といえるでしょう。

▶▶ メロディを活かしたサイン音

　現在、多くの鉄道の駅において、列車の発車や到着の合図としてメロディ（**発車メロディ、到着メロディ**あるいは**駅メロ**）が用いられています。発車メロディは日本各地に広まり、恵比寿駅の『第三の男』（図10-2）、高田馬場駅の『鉄腕アトム』、蒲田駅の『蒲田行進曲』など、各地ゆかりのメロディを利用している駅もあります。桑田佳祐さんの地元の茅ヶ崎駅が『希望の轍』を利用するなど、出身アーティストの曲の利用も盛んです。西武鉄道の東村山駅では、志村けんさんが大ヒットさせた『東村山音頭』が利用されていますが、曲名が地名とも一致していて、発

第10章　音楽を活用する

191

車メロディとして最適ですね。ゆかりのメロディの使用は、駅のブランド・イメージの向上にも寄与しています。

テレビを見ていると、時折、地震発生、大きな事故や事件などのニュース速報のスーパー（字幕）が流されることがあります。それと同時に、短いメロディ（チャイム）も鳴って、よそ見をしていても、ニュース速報を知ることができます。ニュース速報のチャイムも、サイン音の一種で、音楽的な要素が取り入れられています。

携帯電話の着信音にも、音楽は広く利用されています。着信音が愛着の対象となり、好みの着信音を利用することができるため、音楽あるいは音楽的な要素が取り入れられたのです。

このようなサイン音に音楽的な要素を取り入れることにかけては日本は世界をリードしています。日本にはサイン音が多く、心地よい音色にしたいという要求も強く、そのためにサイン音にメロディや和音が取り入れられるようになったのです。

図10-2　『第三の男』の発車メロディが流れるJR恵比寿駅

緊急地震速報は分散和音

　地震を予報するサイン音として、「チャラン、チャラン」と鳴る**緊急地震速報**のチャイムがテレビから流れてきます。このチャイムは、NHKの依頼で伊福部達東京大学名誉教授が制作した音楽的表現を用いたサイン音ですが、『ゴジラ』の映画音楽を作曲したことで知られる叔父の伊福部昭作『シンフォニア・タプカーラ』に出てくる和音を素材にしています。

　このチャイムは、図10-3に示すように、シー・セブン・シャープ・ナインス（C7♯9）の分散和音（和音の構成音を一音ずつ鳴らす手法）になっています。この分散和音では、Cの属7和音（ドミソシ♭）にレ♯を加えたことで、強い緊張感を生み出す響きになっています。さらに、トラックドライバーのギアチェンジが用いられ、全体的に半音上げた分散和音がもう1回繰り返されて、聞き逃さないように工夫されています。

　このような音にしたのは、「注意を喚起させる」「すぐに行動したくなる」「既存のいかなる警報音やチャイムとも異なる」「極度に不快でも快適でもなく、あまり明るくも暗くもない」「できるだけ多くの聴覚障害者にも聞こえる」という条件を満たすようにデザインしたからです。

図10-3　緊急地震速報のチャイムの楽譜

筒井信介，ゴジラ音楽と緊急地震速報，ヤマハミュージックメディア，2011，135頁，譜例11

▶▶ ひそかにメッセージを伝えるサイン音楽

　スーパーマーケットやデパートなどで使われているBGMは、すべてがお客さんのために流されているわけではありません。お客さんに気づかれず、密かに従業員にメッセージを伝えるBGMもあります。あるデパートでは、雨が降り出すと『雨に唄えば』を流します。窓のない売り場（図10-4）では、外の天気はわかりません。BGMによって雨が降り出したことを知り、客へのサービスのために、従業員は包装紙を防水加工のものに切り換えたり、手提げ袋をポリ袋に変えたりします。このようなメッセージを伝える役割を担った音楽は**サイン音楽**と呼ばれています。

　売り場の人手が足りないときの応援要請の合図として、ビートルズの『ヘルプ』をサイン音楽として利用しているところもあります。売り場点検の合図にサイン音楽を使っているスーパーマーケットもあります。あるスーパーマーケットでは、『おもちゃのチャチャチャ』を合図にして、従業員が持ち場の売り場をチェックしています。売上目標額達成を映画『スーパーマン』『史上最大の作戦』のテーマ曲で知らせるといったサイン音楽の使い方をしている店もあります。

　こういったメッセージはアナウンスで従業員に伝えることもできます。しかし、従業員へのメッセージは、客にとって聞く必要のない情報です。そして、必要のないアナウンスはうるさいだけです。

　BGMに忍ばせたサイン音楽なら、売り場の雰囲気を損なわず、従業員にメッセージを伝えることができます。客は、BGMとして聞き流すだけです。サイン音楽の利用は、「お客さまに気づかれず、きめ細かいサービスを提供しよう」という、日本的なサービスの一環なのです。

図10-4　窓のないデパートの売り場

COLUMN　メロディ式の音響式信号機は絶滅危惧種

　視覚障害者のための**音響式信号機**の登場は1955年ですが、1960年台に入ると、さまざまなメロディを用いた音響式信号機が登場しました。その後、旅行したときにとまどうという利用者の声もあり、メロディの利用は、1975年に、主道路（長い方の横断歩道）側に『とうりゃんせ』、従道路（短い方の横断歩道）側に『故郷の空』を使う方式に統一されました。このときに、もう一つの方式として、主道路側にヒヨコの鳴き声風の「ピヨピヨ」、従道路側にカッコーの鳴き声風の「カッコー　カッコー」と聞こえる電子音を使う擬音式も定められました。さらに、2003年に、視覚障害者の利便性を考えて擬音式に統一しようとの方針が警察庁より出されました。それに伴い、メロディ式の音響式信号機は、順次擬音式に置き換えられ、姿を消しつつあります。現役のメロディ式の音響式信号機に出会ったら、それが聞き納めになるかも知れません。

音楽療法：音楽が心をいやす

医療に活かす音楽のチカラ

音楽が心を動かす機能は、医療の分野でも活用されています。「音楽療法（ミュージック・セラピー）」は、疾病や障がいのある人の治療に、音楽を援助的に活用しようとの試みです。音楽療法は、薬による治療の場合のように強い副作用の心配がないことや（まったくないとは言い切れないのですが）、手術のように体を傷つける必要がないことがメリットと考えられています。

▶▶ 音楽療法の歴史

音楽が心をいやす効果は古くから知られ、音楽が治療の一つとして用いられてきたといいます。古代ギリシャ人は病気の治療や予防に音楽が活用できると考えていたようです。また、各地の祈祷師が行う土着的な治療行為にも、歌、リズムなどの音楽的要素が取り入れられていました。ヨーロッパの中世、ルネッサンス期には、狂気やうつ病の治療に音楽が使われていたようです。バロック時代には、スペイン国王の不眠を、ファリネッリという歌手が枕元で歌うことにより治療したという逸話が残っています。

音楽家と精神科医が協力して行う、近代的な音楽療法は、20世紀になってからアメリカで始まりました。第1次大戦や第2次大戦で負傷した軍人を音楽でいやしたことが、アメリカで音楽療法が発展した大きなきっかけとなりました。現在では、日本を含む世界中で音楽療法が実施されています。

▶▶ 演奏型音楽療法と聴取型音楽療法

音楽療法は、演奏型音楽療法と聴取型音楽療法に大別されます。演奏型音楽療法は、楽器の演奏や歌唱を通して、患者が抱える症状の緩和やコミュニケーションの促進を目的として実施されます。演奏型音楽療法は、能動的な音楽療法といえるでしょう。一方、聴取型音楽療法は、受動的な音楽療法で、音楽を聴くことで、患者の症状を緩和することを目的として実施されます。

　演奏型音楽療法では、既存の音楽が用いられることもありますが、**音楽療法士**が即興的に演奏に加わることで、患者との相互作用を促し、感情の表出やコミュニケーションの活性化を図ることが一般的です。学校や施設で実施する演奏型音楽療法は集団で実施しますが、症状の重い患者を対象とする場合には個別に音楽療法を実施します。

　聴取型音楽療法では音楽を聴くのみで、鎮静的な音楽を聴いてストレスを軽減するといった例が代表的なものです。好みの音楽を聴いて、リラックスしてもらうこともあります。また、**回想法**と呼ばれる過去の出来事や体験を想起させる療法において、音楽聴取は記憶を引き出す刺激として効果的です。

▶▶ 同質の原理が治癒力を高める

　音楽療法の研究者アルトシューラーは、音楽によって治療を行う場合、患者の気分と合致した性質を持つ音楽を用いれば、患者はその音楽を受け入れて治療が効果的であることを発見しました。この原理は**同質の原理**と呼ばれ、音楽療法の基本的原理となっています。

　患者がうつ状態にあるときに、「元気を出せ」と励ますと逆効果であることと同様に、「陽気な音楽で元気づけよう」などと考えてはいけません。まずは、鎮静的な音楽で心を開かせ、受け入れさせることが第一です。そして、次第に陽気な音楽へ移行するという手続きが必要です。

　躁状態の患者には、逆に、テンポの速いリズミカルで高揚的な音楽を与えます。音楽と共に興奮することで情動の飽和状態を解消し、気分を沈静化させるのです。

　心の状態とチューニングのとれた音楽が、固くこわばった心の状態に一瞬の「たるみ」を与えます。このたるみが、患者の自己治癒力が働くきっかけを作るのです。こういった段階が、バランスのとれた心の状態への復帰の最初のステップとなります。

▶▶ 音楽療法士の仕事

　人それぞれに音楽に対する好みがあるように、音楽療法に効果のある音楽もまちまちです。音楽療法士（図10-5）は、クライアントの好みやその日の体調や気

分、音楽経験などを考慮して、適切な音楽を選択しなければなりません。そのため、音楽療法士は、幅広く音楽に精通しておく必要があります。

　また、クライアントの状況が、思いもよらない変化をすることもあります。クライアントの要求も変わります。その状況や要求の変化に合わせて、音楽療法士は音楽を展開していかなくてはなりません。そのために、音楽療法士は、即興演奏や編曲の能力、転調や移調を行える能力、臨機応変に「歌える」能力を必要とします。

図10-5　クライアントに寄り添う音楽療法士

10-4
映像メディアでは脇役の音楽がストーリーを語る

映像メディアに活かす音楽のチカラ

映画やテレビのような映像メディアは、映像だけでは成り立ちません。必ず「音」を伴っています。映像表現における音の役割は多岐に渡りますが、通常「脇役」扱いです。しかし、主役の「映像」が引き立つのは、脇役の音がうまく機能するからです。

▶▶ 音楽がストーリーを語る

映像に加えられるのは、登場人物の足音や自動車の走行音のように、映像に表現された対象から発せられる音だけではありません。映像の効果を高めるために、効果音や音楽も用いられています。映画やテレビのドラマにおいては、音楽が、場面を強調したり、登場人物の気持ちを表したり、場面のムードを伝えたりと、各種の演出効果を担っています。

アクション映画のカーチェイスでは、テンポの速い音楽で視聴者の興奮をあおります。テンポの緩急は、ドラマの流れを作るのに効果的です。ホラー映画では、強烈な効果音と不気味な音楽で、恐怖感を増大させます。ラブ・ストーリーを盛り上げるのは、ムードあふれる音楽です。

▶▶ 音楽から伝わる感情が登場人物の心情に

私たちは、映像作品を視聴するとき、作品を見ながら心の中で物語を組み立てます。映像作品の中で音楽が聞えてくると、その音楽によってもたらされたムードや情感が映像作品の物語の解釈に影響を及ぼします。映像だけでは状況があいまいなシーンだと、音楽がその解釈の方向づけをします。状況の明確なシーンだと、音楽はその状況を強調します。

私たちは、音楽の特徴に応じてさまざまな感情を受け取っています（第9章参照）。そして、音楽から受け取った感情が、映像作品の解釈に影響を及ぼします。音楽によって悲しみの感情を伝えられると、映像作品に出てくる人物の感情も悲しいと

思うようになるのです。

　不安な気持ちや不気味な状況を表現するためには、そのような印象を感じさせる音楽が必要です。そういったニーズにうまくハマったのが、現代音楽でした。調性を感じさせない不安定な曲調や不思議な印象をもたらす電子音が、スリラー映画やホラー映画にピッタリでした。訳のわからない印象で敬遠されがちな現代音楽が、映像の世界では自然と受け入れられたのです。

▶▶ 音楽と映像の合わせ方

　音楽から受け取った感情が映像作品の印象に影響を与えることから、音楽と映像は、同じような印象を生じさせるものどうしを組み合わせることが基本となります。悲しい場面には悲しい音楽、楽しい場面には楽しい音楽を組み合わせることにより、音と映像の一体感が強まり、より印象的な作品となるのです。

　ただし、こういったムードが調和した組み合わせがずっと連続する作品は平凡で、ときに退屈な印象をいだくこともあります。そのため、音楽と映像の印象を少しずらしたり、ときに対立させたりすることも効果的です。音楽作品の中で、協和音ばかりを用いるのではなく、不協和音を交えることが感動をもたらすのに効果的であることと同様です。

　『羅生門』『七人の侍』などの作品で世界的に知られる黒澤明監督は、映像だけでなく音楽にもこだわった作品制作を行いましたが、音楽がもたらすムードと映像のムードを対比させる**音と映像の対位法**と呼ばれる手法を効果的に用いていました。『酔いどれ天使』では、主人公が打ちひしがれている場面に、陽気な印象の『かっこうワルツ』を流しました。ただし、音楽は街のスピーカからBGMが流れているという設定にして、不自然さが生じないように工夫しています。展開するストーリーに対立するような音楽が流れることに違和感を持ちつつも、そこに音源が存在することで物語としての整合性がとれ、映像作品の深みが増すのです。その後、多くの監督が、音と映像の対位法の手法を用いています。

▶▶ 映画音楽の父マックス・スタイナーの貢献

　常に映像に寄りそってストーリーを語る音楽ですが、映像作品での音楽の機能活用に大きく貢献したのが作曲家マックス・スタイナーです。マックス・スタイナーは、19世紀末のウィーンで音楽を学び、アメリカに移住します。そのころ、映画の世界では、**サイレント映画**から**トーキー映画**への移行期でした。音のないサイレント映画でも上映時には生演奏やレコードで音楽が利用されていたのですが、トーキー映画では作品制作時に映像表現に合わせた音楽の活用が可能となったのです。映像表現を最大限活かす音楽の利用法を生み出したのが、『風と共に去りぬ』（図10-6）『キングコング』などの映画音楽の作曲を担当したマックス・スタイナーでした。

　スタイナーは、登場人物の心情や場面の状況を音楽で表現する**アンダースコア**（**背景音楽**）により、映像で語っていないストーリーを音楽で語る手法を確立しました。また、登場人物の歩く速度に音楽のテンポを一致させるなど、**映像と音楽のシンクロ**（**同期**）の手法も、効果的に活用しました。

　さらに、ワーグナーによって確立されたオペラの**ライトモチーフ**の手法を取り入れ、特定の人物や状況に特有の**テーマ曲**を用いました。登場人物（人とは限らないのですが）のテーマ曲は、ライトモチーフと同じように、登場場面で繰り返し使うと雰囲気を盛り上げることができます。テーマ曲は、同じメロディを利用しつつも、人物の心情や場面の状況の変化に応じて、さまざまなアレンジが施されます。

　テレビ・ドラマや映画でシリーズ化されている作品などでは、テーマ曲はシリーズの統一感を醸し出すのに効果を上げています。誰もが知っている『ジョーズ』『ゴジラ』『ロッキー』『タイタニック』『踊る大捜査線』『ミッション・インポッシブル』などのテーマ曲は、聴いただけで視聴者がその映画のストーリーや主人公を思い浮かべることができます。テーマ曲のイメージを利用して、テレビのバラエティ番組、コント、物まねなどでのパロディ的表現に合わせて使うことも効果的です。

図10-6 マックス・スタイナーの代表作『風と共に去りぬ』

COLUMN 映像作品の中の世界で鳴っている音楽

　映像に組み合わされる音楽は、さまざまな効果を担っていますが、通常、作品の中で展開されている内容とは何の関係もありません。映像の世界にいる人たちには、そんな音楽は聞こえていません。「通常」とことわったのは、映像作品の中には映像で表現された世界の中で音楽が鳴っていることもあるからです。主人公が聴いているレコードから聞こえるシンフォニーや街で鳴っているBGM、さらにはライブ・ハウスでの生演奏などです。

　そんな場面でも、鳴っている音楽は、そこで偶然に鳴っていたものではありません。やはり演出されたものです。そういったシーンでの音楽の使い方に、作り手のセンスが問われます。物語中の音楽が、同時に背景の音楽になっていたりもします。音楽が登場人物のキャラクターを語ることもあります。音楽で物語の時代背景を表現することもできます。物語中の音楽は、音と映像の対位法を自然な形で導入するのにも効果的です。

10-5
音楽がシンボリックな意味を担う

イベントに活かす音楽のチカラ

音楽はさまざまな感情を伝えますが、言葉のように具体的な意味を持つことはありません。しかし、イベントで決まって利用される音楽は、いつの間にかイベントと結びついて、音楽自体がそのイベントを象徴するようになります。音楽がイベントを意味するようになるのです。

▶▶ 音楽に意味はあるのか？

10-4節で映画やテレビドラマで利用されているテーマ曲のことを解説しましたが、テーマ曲が流れるだけで、テーマ曲が描く対象を思い浮かべることができます。しかし、これは作品の中で対象（主人公など）とテーマ曲を結びつけられたからで、テーマ曲自体に対象を意味する機能があったわけではありません。

言葉が「雨」だとか「家」だとかの具体的な対象を意味する機能があるのに対して、音楽には具体的な対象を意味する機能はありません。ベートーベンの交響曲第6番『田園』を聴いて、曲名を知っている人は田園風景を思い浮かべるかもしれませんが、知らない人がこの曲を聴いて田園の意味を理解することはないでしょう。音楽には、さまざまな感情を伝える機能はありますが、具体的な意味を伝える機能はないのです。

▶▶ 音楽が意味を担うとき

ただし、イベントなどで決まって利用される音楽は、イベントがくり返し行われると、いつの間にかイベントと結びついて、音楽自体がそのイベントを象徴するようになります。その結果、音楽がイベントを意味する機能を持つようになるのです。オッフェンバックの『天国と地獄』、カバレフスキーの『道化師のギャロップ』といった曲は、小学校の運動会で定番のように利用されています。小学校からこれらの曲が聞こえてきたら、それだけで「今日は運動会だ」ということがわかります。こうして、音楽がシンボリックな意味を担うようになるのです。運動会もこれらの曲

第10章 音楽を活用する

で盛り上がります。

　『蛍の光』のメロディも、聞けば「別れ」「終わり」といったイメージを連想するでしょう。昔は、卒業式では必ず『蛍の光』を歌っていたので、年配の方は卒業式を思い出します。今はなき蔵前国技館で最後の大相撲の千秋楽で流れた『蛍の光』を思い出す人もいるかもしれません。『蛍の光』は船が出発する時にも流れますから、船の旅をイメージする人もいるでしょう。デパートやショッピング・モールで『蛍の光』をアレンジした『別れのワルツ』が聞こえてきたら、閉店の合図だとすぐに分かります。

　ポール・モーリアが作曲した『オリーブの首飾り』は、古いヒット曲ですが、なぜか手品の定番曲として今でも利用されています。女性手品師の「松旭斉すみえ」さんが好んで利用していたのが広まって、**手品の音楽**として定着したそうです。テレビのバラエティ番組で、この曲が流れ出したら、手品の場面があるとすぐ理解できます。

▶▶ 音楽のシンボリックな意味が通用するのは日本だけ

　10-2節で、発車メロディとして、各地ゆかりのメロディを利用している駅のことを紹介しました。発車メロディとしての音楽も、各地のシンボルとしての機能を果たしています。さらに、発車メロディとして長年利用されると、発車メロディはその駅のシンボルとしての意味を担うことになります。

　このように**シンボリックな意味**を担うような音楽はたくさんあります。ただし、ここで紹介した例はいずれも日本だけの話で、外国では通用しません。音楽自体には、もともと意味を伝える機能はありませんから、当然のことです。

　国歌や校歌なども、音楽にシンボリックな意味を担わせたものです。さすがに国歌は、国際的に通用させることを意図していますが、私たちはオリンピックのメダリストを多く出している国ぐらいしか国歌はわかりませんね。自国の選手が金メダルを取ったときは、『君が代』のシンボリックな意味を再確認するときでもあります（図10-7）。

図10-7　国歌が流れるオリンピックのメダル授与式

COLUMN 「キンコンカンコーン」は学校のチャイム

　「キンコンカンコーン」と鳴り響く、学校のチャイムは、もとは「ビックベン」の愛称で知られるイギリスのウェストミンスター寺院（ユネスコの世界遺産に登録され、イギリス王室の諸行事も行われる）の時計塔の鐘の音です。なぜか日本全国でこの音が学校の授業の開始や終了を告げるチャイムとして利用されていて、今や「学校を象徴する音」としても親しまれています。その起源に関しては、諸説あるのですが、それは次のページのコラムで紹介します。

COLUMN 学校のチャイムの起源

　学校のチャイムの起源として、東京学芸大学名誉教授の井上弘美さんが、1952年から6年間国語教師として赴任していた東京都の大森第四小学校で、使い始めたものだという説があります。井上さんが赴任した頃は「ジージー」という不快なベルの音が使われていました。戦時中の空襲を知らせるサイレンを連想しておびえる子どもがいたことから、井上さんはより快適な音質のチャイムの導入を提案し、当時の校長に認められて設置に至ったそうです。

　これとは別に、広島の産業機器メーカ「アールテック・リジョウ」の石本邦雄社長によってもビックベンの鐘のチャイムが製造されています。彼も、学校で鳴る無粋なサイレンを変えられないかと考えていました。たまたま短波ラジオで放送されていたBBCの日本語放送で使われていた「ビッグベンの鐘」を聞いて、「これだ」とチャイムの製造を思いついたとのことです。

　さらに、東京の警報機メーカ「マジマ」も、1950年代半ばに、「ビックベンの鐘」のオルゴールに拡声機をつけて学校などに納入していたそうです。やはり「戦争を思い出させるサイレンがいやだと思った」のがきっかけでした。「メロディが単純でオルゴールにしやすかった」ので、「ビックベンの鐘」を使ったそうです。

　同じ時期に偶然同じメロディを時報として利用し始めたという事実自体も興味深いのですが、いずれも「不快な音を心地よい音色にしよう」との動機がもとになって、「メロディ」を採用しています。鉄道駅の発車ベルをメロディに変えたアイデアと同様の気配りが戦後間もないころからあったのです。サイン音にメロディを用いるという手法は、日本に根付いている文化のようです。

第11章

音楽は何のために
存在するのか？

　音楽は何のために存在しているのでしょうか？　人間が生き
ていくために、音楽は必要なのでしょうか？　「音楽が生きが
い」という人もいますが、音楽がなくても生きていけないわけ
ではないでしょう。この問いは、第1章でも問いかけた「音
楽とは何か？」と同じように大変難しい問題です。音楽の存在
意義に対しては、決定的な解答があるわけではないのですが、
いくつかの説が提案されています。中には、音楽能力は、他の
目的で進化した能力を活用したにすぎない、進化のパラサイト
だという説もあります。

　本章では、これまでになされてきた音楽の存在意義につい
ての議論をもとに、音楽の生態学的な意味について多角的に
考察します。日常生活の中で音楽の存在意義について考える
ことはあまりないでしょうが、音楽に対する理解を深めるため
に、一度考えてみてください。

11-1
音楽は「モテる」ための手段である

音楽の起源は求愛行動だった

進化論で知られるダーウィンは、音楽を求愛行動の手段として生まれたものと考えていました。民族音楽の中には、求愛行動の歌が今でも歌い継がれている例があります。ポピュラー音楽に求愛の歌が多いのは、その歴史を受け継いでいるからかもしれません。音楽の本質は、異性へのアピールなのでしょうか?

▶▶ 音楽は求愛行動の手段として生まれた

人間の進化からみた音楽の起源に関する考察は、**進化論**で知られるチャールズ・ダーウィンまで遡ります。ダーウィンは、人類の求愛の儀式の一部として、音楽が生まれたと考えていました。音楽は人類の祖先が異性をひきつけるために身につけた技で、メスをひきつけるために発達したオスのクジャクの羽と同じようなものだというのです。

ダーウィンは、音楽は求愛行動の手段として言葉より先に生まれたと確信していました。ダーウィンと同じように音楽は性的魅力を誇示する役割を持つという考えを支持する研究者も多くいます。音楽能力の高さは、身体制御能力、学習能力、社会的知能などの高さを示し、環境への適応性の高さを示す指標として機能し、異性への強いアピールになると主張する研究者もいます。

ただし、ダーウィンは、人間が生活を営む上での音楽の役割を認めていたわけではありません。音楽を、環境に適応する上で明確な価値がないにもかかわらず、進化した不思議なものとみていました。そのため、「音楽の目的は異性へのアピールに違いない」との考えに至ったのです。

▶▶ 求愛行動としての音楽は引き継がれる

動物の中には、求愛行動として、鳴き声を利用するオスがたくさんいます。そのパターンも多彩です。鳴き声のすぐれたオスが、メスを獲得できるのです。

　また、民族音楽の中には、**求愛行動**として生まれたものが、いまだに受け継がれているものもあります。よく知られているのは、決まった日時に若い男女が集まり相互に求愛の歌謡を掛け合う、**歌垣**と呼ばれる習慣です。図11-1に歌垣の様子を示しますが、歌垣の習慣は今でも中国南部やベトナムなどに残っています。日本でも、かつて存在したといわれています。

　ポピュラー音楽にも求愛の歌が多いのは、求愛行動としての民族音楽の歴史を引き継いでいるのでしょう。モテモテのミュージシャンの実例をあげてダーウィンの説を支持する研究者もいるようですが、都合のいい話のみを取りあげただけだとの批判もあります。

　異性に「モテる」ためにミュージシャンを目指した人は、たくさんいたと思います。その成功率は不明ですが。読者の中にも、そういった方がおられるかもしれません。しかし、それは決して不純な動機ではありません。音楽本来の生態学的意義に基づいた行動なのです。頑張って下さい。

COLUMN　動物の求愛行動

　カエルのオスは、メスにアピールするために大声で鳴きます。大声で鳴くのは、大きくて体力があり、配偶者として最適であることをアピールしているのです。鳥類も、求愛活動のために鳴き声を用います。鳥類の鳴き方はもっと複雑で、オスの鳴き声に応じてメスも鳴き出す種もあります。鳥類の鳴き声は、音楽のようにも聞こえます。さらに、霊長類になると、歌声が人間の歌声そっくりに聞こえる種もあります。テナガザルにおいては、オスとメスが合唱するように聞こえます。

図11-1 歌垣:求愛行動としての音楽

Photo:江草拓

COLUMN 日本の歌垣

　歌垣は古代の日本列島にも広く存在していたようで、風土記や万葉集に山や水辺あるいは市で行われた歌垣の記録が残っています。とりわけ筑波山の歌垣は、全国的に有名だったようです。「時代別国語大辞典」には、「歌垣」のことが、「一年の中に適当な日を定めて、市場や高台など一定の場所に集まり、飲食・歌舞に興じ、性的解放を行った」と説明されています。

11-2

音楽は社会的絆の土台を築く

音楽は集団の連帯感を形成する

　音楽は、踊りとも結びついて、社会的団結力を強める機能を果たしてきました。近年の音楽フェス・ブームも、音楽を通した連帯感を得たいという要求があるからでしょう。音楽的な活動は、協調行動などの社会的活動を訓練する機会にもなっています。力を合わせる作業にも、音楽は活用されてきました。

▶▶ 音楽は踊りと結びついていた

　踊りには必ずと言っていいほど音楽が伴っているように、体の動きと音楽は密接に結びついています。図11-2は、一例として、バリ島の伝統舞踊の様子を示したものです。人類の歴史を考えると、音楽が単独で存在意義を持つようになったのはごく最近のことといえるでしょう（といっても数百年前ですが）。性的魅力を誇示するためには、音楽だけでアピールするよりも、踊りも加えた方がより効果的であろうとも思われます。

　踊りのような組織化された形態をとる以前から、音楽は身体表現と深く結びついていたと考えられます。集団で歌ったり、演奏したり、踊ったりという行為は、社会的団結力を強めるのに効果的です。人間は社会的な動物で、生き残っていくためには、社会的**絆**を維持する必要がありました。狩猟生活を営んでいた時代にも、農耕生活の営みが開始された時代にも、社会的絆は食料を得るために不可欠だったはずです。

Photo：Yves Picq

▶▶ 音楽は集団の和と同調性を促してきた

　音楽は、人類の長い歴史の中で、太古の時代から集団の和と同調性を促してきました。多くの儀式や祭礼で音楽が利用されているのは、その証といえるでしょう。音楽は、もともとみんなで共有してきたものです。演奏する側と聴取する側に分かれていたわけではありません。集団の絆と音楽は、自然に結びついていったのです。演奏家と聴衆に分かれるのは、人類の歴史から見るとつい最近のことです。

　CDなどの売り上げが落ち、ミリオン・セラーが出にくい状況にある音楽業界ですが、**音楽フェス**と呼ばれるライブ・イベントが活況を呈しています。音楽がいつでもどこでも聴ける状況であるにもかかわらず、わざわざ遠く離れた地へ出かけて音楽フェスに参加するのは、音楽を通した連帯感（絆）を得ることがモチベーションになっているのではないでしょうか。

　また、音楽的な活動は、協調行動などの社会的活動を訓練する機会にもなって

きました。日本が明治時代に西洋音楽を導入したのは、軍隊を強くする意図があったからだとも言われています。唱歌を作り、音楽教育を促進したのも、天皇を中心とした日本という国家の一国民としての意識を植え付けるためでした。国歌、校歌などの斉唱も、帰属意識を高めるのに効果的です。

　ドイツでは、ナチスが、国民を**マインド・コントロール**するために、巧みに音楽を利用しました。音楽には人間の理性や判断力を無力にする働きがあります。ナチスは、音楽のチカラを使って、国民を洗脳したのです。

　スポーツの試合などでみられるように、音楽と踊りは、組織的な応援には欠かせない要素にもなっています。チアリーダーによる応援においては、音楽と踊りのチカラが発揮されている様子が実感できます。日本では、応援団が独特のエールや応援歌と振り付けで、試合を盛り上げます。

▶▶ 音楽はインターネットを通して絆を築く

　新型コロナウイルスの流行を防止するために緊急事態宣言が発令された深刻な状況下で、星野源が自身のインスタグラムに投稿した『うちで踊ろう』に対して、ミュージシャンや芸能人を含む多くの人々が各種のSNSで反応し、大きなムーブメントに発展したことはまだ記憶に新しい出来事だと思います。未知の病気に対する不安におびえ、外出自粛を余儀なくされ、ストレスがたまる状況下で、音楽が全国レベルでの絆を築き上げたのです。また、新型コロナウイルス感染者救済のために活動している医療従事者を称えたいという主旨でレディー・ガガが呼び掛けて実現したインターネットを通しての慈善ライブ・イベント『One World: Together At Home』は、世界的な規模で人々の心を結びつけました。

　新型コロナウイルスの影響下で実施されたインターネットを活用した音楽イベントは、星野源やレディー・ガガのような著名な人たちだけが行ったわけではありません。練習すらできなくなった音楽グループ、営業自粛を「強制」されたライブ・ハウスなどが、苦しい状況下においても、工夫を凝らした音楽活動を敢行しました。今や、インターネットを通して、音楽は人々の絆をつなぐ役割を果たしているのです。

▶▶ 音楽は力仕事を支えてきた

　音楽は、大勢の人間が力を合わせて働くときにも、広く用いられてきました。力を合わせるために歌う**労働歌（ワーク・ソング）**は、古くから世界中で利用されています。昔は、土木工事や建設作業など大きな力が必要な作業を、人間の力仕事に頼っていました。力を合わせて大きな力にするためには、力を込めるタイミングを合わせることが必要でした。

　そんな現場では、力を込めるタイミングを合わせるために、労働歌は重要な役割を果たしてきました。日本でも、美輪明宏（歌った当時は丸山明宏）が『ヨイトマケの唄』として引用した「父ちゃんのためならエンヤコラ　母ちゃんのためならエンヤコラ　もひとつおまけにエンヤコラ」という労働歌が広く利用されていました。この労働歌は、建設現場での地ならしの作業のときに、当時土方と呼ばれた作業員が力を合わせるために歌っていました（図11-3）。

図11-3　『ヨイトマケの唄』が歌われた建設現場での地ならし作業

Photo：A.Davey

音楽は社会生活のストレスを解消する

日頃のウサを音楽で晴らす

　個人のレベルのみならず、社会的にも、音楽はストレスを解消する手段として活用されています。カラオケで日頃の憂さを晴らすのは、サラリーマンのおじさんだけではないでしょう。さらに、音楽には、ギスギスした人間関係や性衝動を適切にコントロールするチカラがあります。

▶▶ カラオケでストレスを解消する

　集団生活を営むようになって、人間はさまざまなストレスにさらされるようになってきました。社会生活の中で、ストレスを完全に取り除くことはできないでしょう。健全な生活を維持するためには、ストレスと上手につき合うことが必要とされます。

　音楽も、**ストレス解消**の手段として利用できます。カラオケを使って、日頃のストレスを解消しているサラリーマンも多くいるでしょう（図11-4）。こういった個人のレベルのみではなく、社会的なレベルでみても、音楽はストレス解消に貢献しています。

> **COLUMN　音楽聴取によるリラクゼーション効果**
>
> 　音楽聴取によるリラクゼーション効果によっても、ストレスが軽減されることが示されています。好みの音楽は、確かにリラクゼーション効果があります。さらに、ゆっくりしたテンポの鎮静的な音楽も、リラクゼーション効果が認められています。また、刺激的な音楽であっても、繰り返し聴取することで、リラクゼーション効果が得られるといいます。使い方にもよるのでしょうが、どんな音楽でもリラクゼーション効果がありそうですね。

図11-4　カラオケでストレス解消

▶▶ 音楽には社会化を促進する働きがある

　音楽には、大脳辺縁系を中心とした情動回路に働きかけ、**テストステロン**といわれるホルモンをコントロールすることによって、攻撃性や性行動を抑制し、社会化を促進する働きがあります。音楽がもたらす「安らぎ」や「喜び」といった情動によって、安定した社会を作り出すことができるのです。

　音楽は、ギスギスした人間関係や性衝動を適切にコントロールする役割を果たしています。音楽のない社会というのは、想像しにくいのですが、今よりももっと荒廃した社会になるでしょう。

　現代の人間社会は、規模も大きくなり、構造も複雑化しています。社会生活がもたらすストレスも、ますます増大してきています。ストレス解消のための音楽の役割は、今後ますます大きくなるでしょう。

11-4

音楽は認知機能の発達を促す

音楽活動は話し言葉によるコミュニケーション能力を向上させる

音楽は、言語能力獲得のための、準備活動であるとも考えられています。子守歌や遊び歌などの幼児向けの歌は、世界中に存在しています。音楽は、人間の運動能力や認知能力を発達させる役割を果たしているのです。

▶▶ 音楽能力が言語能力の発達に貢献する

歌を歌ったり楽器を演奏したりする活動は、私たちの運動能力を向上させる効果があります。その結果として、音楽活動は、言葉と身振りによる会話に必要な繊細な筋肉のコントロール能力の発達を促します。

音楽は、話し言葉によるコミュニケーションに必要な能力獲得のための、準備を整える役割を果たす活動であると言えるでしょう。また，音楽を享受するために備わった能力が、言語認知に貢献するとも考えられます。

▶▶ 幼児への歌いかけが発達を促す

お母さんは、赤ちゃんに対して、歌いながらあやしたり、ゆらしたり、なでてやったりしながら、コミュニケーションをとります（図11-5）。こういった行動が、発達段階の赤ちゃんの脳に、言語のもつ韻律情報に対する慣れを与えることにつながっていくのです。赤ちゃんは、音楽的な情報を処理することで、言葉によるコミュニケーションへの準備ができるのです。音楽は人間の認知能力を発達させる役割を果たしていると考えられます。

子守歌や**遊び歌**などの幼児向けの歌は、世界中に存在しています。そして、文化を超えて共通した特徴を持っています。こういった歌への幼児の反応も生得的なものであると考えられます。人間は、生まれた時から、音楽的な活動に参加する本能を持っているのです。そのため、歌によって幼児に働きかけることに進化的な価値があると推測できるのです。

図11-5　幼児への歌いかけが発達を促す

COLUMN　乳児と親の音楽的交流は「遊び」を通して

　　乳児と親の音楽的なやり取りは、多くの場合、「遊び」の形で行われます。例えば、顔を隠して顔を出す「いないないばあ」のような遊びも、音楽的な交流の一つです。こんな遊びにおいて、乳児は、顔を出す「ばあ」のタイミングをずらすといった、「はぐらかし」を楽しんでいます。乳児の段階で、すでに音楽の「はぐらかし」を楽しむ能力が備わっているようです（第9章参照）。

11-5
音楽は聴覚のチーズケーキに過ぎない

音楽は進化のパラサイトなのか？

　音楽が生態学的に必要な存在であるという考えがある一方、音楽自体には生態学的な価値はないという考えもあります。音楽活動は、別の目的で形成された快楽経路を利用するだけの、快感を求める行為に過ぎないというのです。音楽は、進化のパラサイトなのでしょうか？

▶▶ ピンカーの仮説の衝撃

　同じ聴覚コミュニケーションの道具でも、言語が進化的な適応の結果であるという考えは、広く認められています。これに対して、生き物の行動や特性の中には、はっきりとした進化的な必然性が見あたらないものがあり、認知心理学者のスティーヴン・ピンカーはその一つが音楽だという説を唱えました。ピンカーは、1997年に『心のしくみ』という著書でその説を唱えましたが、同年マサチューセッツ工科大学で行われたアメリカの音楽知覚認知学会でもその内容を講演し、おおいなる反響を呼びました。

　ピンカーは、進化によって特定の処理経路が発達すると、別の処理に対する発達が伴うことがあると述べています。そして、音楽活動は、別の目的で形成された快楽径路を利用するだけの、快感を求める行為に過ぎないというのです。ピンカーは、音楽がいくら素晴らしい芸術だとしても、進化的に価値があるわけではないと考えています（この点は、ダーウィンの考えと同様です）。音楽というものが存在しなくても、人間の生き方はそれほど変わらないというのです。

▶▶ 音楽は人間にとって添え物に過ぎない

　ピンカーの仮説に従うと、音楽は、脳のいくつかの重要な部分を、たまたま心地よくさせていることになります。ちょうど、**チーズケーキ**が味覚を喜ばせるのと同様だというのです（図11-6）。人間は、チーズケーキを好きになるように進化し

てきたわけではありません。まだ食料が十分でなかった太古の時代に、十分な栄養を補給するために、人間は脂肪と糖分への嗜好を進化させました。その結果として、チーズケーキを好むようになったのです。チーズケーキがメインディッシュではなくデザートに過ぎないように、音楽も人間にとって添え物に過ぎないという考えがピンカーの仮説です。「音楽は聴覚のチーズケーキに過ぎない」という表現は、その仮説を象徴的に述べたものです。

　ピンカーの仮説は、実証できるようなものではないので、当然多くの反論もあります。その反論もまた実証されておらず、いまだに音楽の存在意義に関する問いかけに対する正解にたどり着いていないのが現状です。

　しかし、ピンカーの仮説は、音楽の存在意義に関する重要な論点をわかりやすく指摘したことで、その後の議論を活性化させた意義はあると考えられます。ピンカーの仮説は音楽の科学に関する多くの書物で引用され、それぞれの主張の指針のような役割を果たしています。また、ピンカー以前の議論も脚光を浴びるようになりました。

図11-6　脂肪と糖分への嗜好を満足させるチーズケーキ

▶▶ 音楽は進化のパラサイトである

　食事や性行動のように、種の存続に重要な活動は、快楽を伴います。私たちの脳は、こうした行動に報酬を与え、奨励する仕組みを作ってきました。ピンカーは、

「音楽能力は、この仕組みを使ってスピンオフ的に発達したもの」と考えました。音楽は、進化の**パラサイト**だというのです。

　人間の聴覚と脳は、生き延びるための情報収集能力として環境音の認識能力を獲得し、その後の進化の過程で言語能力を発達させました。その進化の過程で、人間の聴覚系は、音の高さ、大きさ、音色などの知覚・認知能力を獲得しました。ピンカーの仮説の是非とは関係なく、その能力を使って、人間は音楽のピッチ、ハーモニー、リズムが楽しめる音楽能力を進化させてきたものと考えられます。音楽のサウンドそのものを楽しむ能力を獲得するには、さらなる進化が必要でした。

COLUMN　音楽の歴史からのピンカーへの反論

　ピンカーへの反論の多くは、11章で述べてきたさまざまな議論（音楽は求愛活動の手段である、音楽は社会的絆を築く、音楽はストレスを解消する、音楽は認知機能の発達を促す等）に基づくものですが、音楽の歴史の長さからも、音楽が聴覚のチーズケーキではありえないことが指摘されています。音楽の起源の正確なところはわかりませんが、5万年前の骨笛が見つかっていることから、音楽の途方もなく長い歴史が推測されます。また、音楽は、どこでも、いつの時代にも、途切れなく存在していました。音楽に生態学的な意味がないのであれば、こんなに長きにわたって人間は音楽活動を続けることはないと考えられます。

11-6

広がり感こそがチーズケーキか？

広がり感こそが進化のパラサイトでは

　聞こえてくる音の方向を判断する能力は、生き延びていくために必要とされて、発達しました。その結果、2つの耳によって得られる情報を利用して、音の広がりを感じる能力を獲得することができました。そのおかげで、フルオーケルトラが前方のステージに広がっている感じ、響きに囲まれたような感覚を得ることができるのです。

▶▶ 音の方向定位能力には生態学的理由がある

　ピンカーの仮説によると、聴覚と脳は、それを目的に発達したわけではないのですが、ピッチ、ハーモニー、リズムの音楽の3要素を知覚・認知できるように発達していました。そのおかげで私たちは音楽を楽しむことができるのです。

　聴覚と脳が生き延びていくための生態学的理由によって獲得した能力に、音がどの方向から聞こえるのかを判断する**音の方向定位能力**もあります。自然災害から避難する、外敵から逃れる、獲物を捕らえるといった行動を行うにあたり、視覚からの情報のみを手がかりにすると、ずっと周囲を観察しておく必要があります。また、視覚でその前兆を観察した時点では、すでに手遅れになっていることも多いと考えられます。その点、音でその前兆を捉えることができれば、他のことをしながらでも対処が可能です。また、「見える」前に前兆を「聞く」ことも可能です。

　聴覚の察知能力を機能させるためには、聞こえてきた音の方向を正しく認識する能力が必要です。そのような生き延びるための生態学的理由により、人間は、2つの耳に入る音の時間差と強度差の情報を利用して、とりわけ重要な水平面における音の方向を認識する能力を獲得したのです（第3章参照）。

▶▶ 広がり感は音の定位能力のパラサイトか？

　2つの耳への情報に基づく水平面における音の方向定位能力は、同時に、**音の空間性**を感じる能力を人間に与えました（第8章参照）。両耳間にもたらされる音の情報の微妙な差によって、コンサート・ホールや、ステレオや5.1チャンネル・サラウンドで音楽を聴くときに、フルオーケストラが前方のステージに広がっている感じ、響き（反射音）に囲まれたような感覚を得ることができるのです。

　聴覚の方向定位能力は、生き延びるための生態学的理由によるものですが、音楽を聴く楽しみを増大させることにも貢献しているのです。そう考えると、聴覚が感じる「広がり感」は、チーズケーキをよりおいしくする「赤いベリー系のソース」といえるかもしれません。音楽は人間の生存あるいは発達に必要なものであると主張して、ピンカーの仮説を否定する研究者も多いのですが、広がり感はどうでしょうか？

　外敵から無防備な屋外の空間では反射音がないのに対して、安全な洞穴の中では反射音による広がりを感じたため、広がり感が安心、快適性と結びついたという説明も可能ですが、こじつけっぽいですね。音楽を聴く楽しみを増大させる「広がり感」が人間の生存あるいは発達に直接貢献する可能性は低そうです。実は、広がり感こそが、音の定位能力のパラサイトであり、聴覚のチーズケーキなのかもしれません。

　今日、広がり感を**臨場感**に高めた、多チャンネル・オーディオや音場再現に関する研究が盛んに行われています。NHKは図11-7に示すような22.2マルチチャンネル音響システムを開発し、その効果のプロモーション活動を行っています。このシステムでは、上段、中段、下段と3層に広域帯の22個のスピーカが配置され、低域再生用に2チャンネルのサブ・ウーファーが設置されています（「22.2」の「.2」は、2チャンネルのサブ・ウーファーを意味します）。このシステムがもたらす高臨場感体験は音楽の感動を格段に高めるものと期待されますが、とんでもなく高いチーズケーキになりそうです。

図11-7　NHKの22.2マルチチャンネル音響システム

■ 上層：9ch　　■ 下層：3ch
■ 中層：10ch　■ 低域：2ch

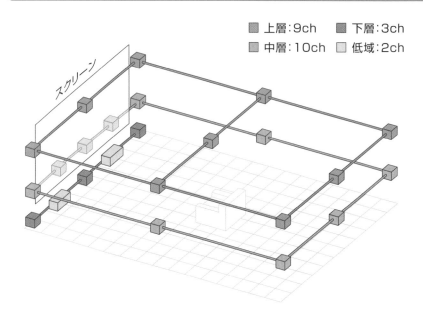

COLUMN ## 5.1チャンネル・サラウンドで楽しむ臨場感

　家庭用の音響機器として、22.2チャンネルのシステムは無理でも、5.1ch（チェンネル）サラウンド方式ならなんとかなりそうです。5.1chサラウンド方式では、広帯域の5チャンネル信号と1チャンネルの低域専用信号を利用します。「5.1」の「.1」は、低域専用チャネルを指します。5.1chサラウンド方式では、前方には左右方向とともに中央にスピーカを配置します。また、左右後方にも、スピーカを配置します。スピーカの配置が適切であれば、5.1chサラウンドでも十分に臨場感を楽しむことができます。

11-7

音楽は人間が生み出した文化である

音楽は私たちの脳に深く刻み込まれている

誰もが生得的に音楽を楽しむ本能を持っています。また、私たちが持っている聴能力、認知能力、運動能力は、音楽を作り、楽しむために活かせる機能を備えています。そんな環境下で、人間は音楽文化を生み出し、発展させてきたのです。私たちは、音楽のなかった時代にはもう戻れないのです。

▶▶ 誰もが音楽を楽しむ本能を持っている

音楽が生態学的理由により必要とされて生まれたのか、進化の過程でスピンオフ的に生まれたのかに関わらず、音楽は人間が生み出した文化であり、その**音楽文化**は人間にも影響を与えてきました。その結果として、今日、誰もが音楽の恩恵を受けています。

楽器を上手に演奏するためには訓練が必要であり、音楽を本当に理解するためにもそれなりの学習が必要なのですが、音楽を楽しむ本能に関しては誰もが生まれつき持っています。それを意識するかしないかにかかわらず、人間は、生まれつき、音楽を作り、楽しむための能力を備えているのです。また、私たちが持っている聴能力、認知能力、運動能力は、音楽を作り、楽しむために活かせる機能を備えているのです。

その能力のおかげで、私たちは音楽を作り、音楽を聴くことを楽しむことができます。「音楽とは『音を楽しむ』ことである」という定義は、漢字の字ヅラからくるものですが、案外真実を伝えているようです。漢字文化における「音楽」という言葉は、表意文字である漢字の特性を活かして、音楽の本質を表してくれている言葉なのかもしれません。

▶▶ NO MUSIC, NO LIFE.

　そんな環境下で、人間は音楽文化を生み出し、発展させてきたのです。音楽自体が副次的な存在だとの見解もあるのですが、その音楽の機能を日常生活に活かすことも行われ、さまざまな場面で音楽が活用されています。音楽の出現によって人間の文化は大きく変化しました。

　音楽には健康を維持する効果も認められ、**クオリティ・オブ・ライフ**を向上させる要素にもなっています。"**NO MUSIC, NO LIFE.**"は、タワー・レコードのキャッチ・コピー（図11-8）ですが、私たちが音楽に対して持っている潜在的なイメージに訴えかけているのかもしれません。

　音楽は私たちの脳に深く刻み込まれています。私たちの社会生活は、音楽文化と不可分です。音楽の起源にかかわらず、私たちは音楽のなかった時代にはもう戻れないのです。

図11-8　NO MUSIC, NO LIFE.

第**12**章

音楽は
どこへ向かうのか？

　　テクノロジィの発展は、音楽にも大きな影響を与えてきまし
た。音楽のつくり方、音楽とのつき合い方、音楽を聴く喜びも、
テクノロジィの恩恵を受けています。テクノロジィの誤った使
い方さえも、音楽制作に活用されてきました。かつてはレコー
ドやCDを買って音楽を楽しんできましたが、今日では音楽の
定額制サービスも受けられます。一世を風靡した伝説の歌い
手を、今によみがえらせることも可能になりました。変わりゆ
くものも、変わらないものもある中で、音楽はどこへ向かうの
でしょうか？　音楽に明るい未来はあるのでしょうか？　私た
ちの脳は、新たな刺激を与えてくれる音楽を求めています。

　　「音楽の謎と仕組みを解き明かす」ことに挑んできた本書で
すが、最後に本章では、音楽の将来、行く末について、多面
的に考察します。

12-1

音楽に対する所有欲はどうなる

音源を自分のものにする喜びは満たされているのか?

音楽は聴いて楽しむ対象ではありますが、好きになった曲を自分のものにするという音楽に対する所有欲もあります。レコードやCDの時代には音楽の所有欲は満たされていましたが、サブスクリプション・サービスの時代になるとどうなるのでしょうか?

▶▶ 好きな音楽を所有したい

音楽を記録、再生するメディアがまだレコードだった時代には、レコードを再生して音楽を楽しむのはもちろんですが、好きになった曲、お気に入りのアーティストのレコードを自分のものにすることも楽しみの一つでした（図12-1）。中には、好みのジャンルのレコードを買いあさる**レコード・コレクタ**と呼ばれる収集家もいます（レコード・コレクタは、過去形ではなく、まだ健在です）。

音楽メディアがレコードからCDに変化してからも、「音源を自分のものにする喜び」は変わらず受け継がれました。音楽は、美術品などとは異なり、生の演奏でも、メディアを通して聴く場合でも、個人が独占的に所有することはできません（昔の王侯貴族のように、ミュージシャンをお抱えにすれば別ですが）。それでも、好きなアーティストのレコード、CDを所有することの喜びを感じることはできました。今でも、もう廃盤になってしまったレコードが高値で取引されていることからも、音源に対する所有欲は健在なようです。

> **COLUMN** 携帯電話の着信音を所有する喜び
>
> 今はそれほどではないですが、携帯電話の着信音にこだわることが流行になった時期がありました。当時の若者にとって、着信音は、単に着信を知らせる存在ではありませんでした。自分の持っているブランド品を見せびらかすかのように、自分のこだわりをみんなに「聞かせびらかす」ツールになっていたのです。着信音は、音源を所有する喜び、優越感を与えてくれる存在だったのです。

図12-1　お気に入りのアーティストのレコードを自分のものにする

▶▶ サブスクリプション・サービスで音楽に対する所有欲は満たされるのか？

　その後、テクノロジィの発展とともに、音楽がインターネット経由でダウンロードする存在となり、音楽の所有が目に見えにくい形となりました。また、**サブスクリプション（定額制）・サービス**の流行でモノを所有すること自体の概念が変容する中で、音楽のサブスクリプション・サービスも広まってきました。サブスクリプション・サービスでも好みの音楽を聴き続けることは可能ですが、好みの音楽を所有する喜びまでは満たされません。

　実在するモノとして音楽を所有する時代にはもう戻れないかもしれません。しかし、私たち（この「私たち」が、読者の皆さんにも通用するかは不明ですが）には、まだ「音楽を所有する喜び」が残っています。音楽そのものというより音楽メディアの将来ということになるでしょうが、「音楽を所有する喜び」を満足させるような「しかけ」を作り出すことも有効ではないかと思います。同じ曲でも、サブスクリプション・サービスに提供するバージョンとは異なるミキシングをした限定バージョンを販売するといった手もあると思います。

12-2

AI美空ひばりの衝撃

往年の名歌手が今によみがえる

歌声の合成技術が格段に発達し、ボーカロイドがブームになりました。2019年の紅白歌合戦では、AI美空ひばりが新曲を歌って話題になりました。ボーカロイドの行く末はどうなるのでしょうか？

▶▶ AI美空ひばりが新曲を歌う

将棋や碁の世界で話題になりましたが、「AIが人間を超える」時代が到来しつつあると言われています。音楽の世界でも、2019年の紅白歌合戦で、CG美空ひばりの登場とともに、AI美空ひばりが新曲を歌って話題になりました（図12-2）。テクノロジィの進化を称賛する意見がある一方で、「あんなの美空ひばりじゃない」との否定的な意見もありました。

何をもって「AI」というかはあいまいな部分があるのですが、歌声の合成技術が格段に発達していることは、AI美空ひばりに先立つ**ボーカロイド・ブーム**でも示されています。ボーカロイド・ブームに乗っかって、初音ミクという**バーチャル・アイドル**も誕生したほどです。

▶▶ ボーカロイドの行く末

少し前の話になりますが、パソコン1台あれば、本格的な音楽が制作できるような状況ではありました。ただし、ほかの楽器と異なり、歌声は言葉を使うため、コンピュータで合成することは困難でした。その後、音声合成技術の目覚ましい進歩のおかげで、歌声の合成が可能となりました。歌声の合成は、美空ひばりのように自分の歌声自体で勝負してきた歌手に対してはまだまだ難しい部分があるのですが、パヒュームのようなエフェクタを多用した歌手の歌声ならもっとたやすいでしょう。

また、歌声の合成技術が歌手を再現するレベルに達していなかったとしても、次節で紹介する音楽制作「あるある」の「テクノロジィの誤った使い方」により、

クリエイティブなツールとして十分通用するでしょう。ボーカロイドが広く受け入れられている状況は、その前触れだと考えられます。

AIグールド

　AIの適用は、ピアノ演奏に対しても行われています。ヤマハが開発した「Dear Glenn」というAI搭載のピアノ演奏システムは、どんな楽曲でも楽譜のデータさえあれば、グレン・グールドのタッチでピアノを演奏することができるといいます。開発にあたっては、グレン・グールドらしい表現とは何かを追求するために、100時間を超える彼の演奏音源を解析し、AIに学習させています。さらに、彼の演奏方法を熟知した複数のピアニストたちの演奏もAIに学習させることで、グレン・グールドらしさを追求しています。

GLENN GOULD AS A.I.

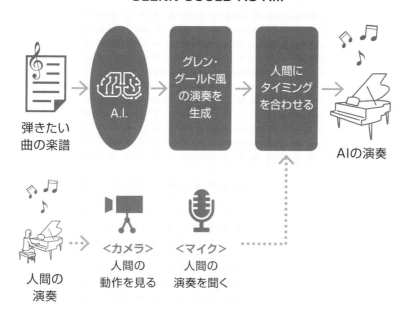

12-3
新しいタイプの音楽の快感に酔いしれたい

テクノロジィの誤った使い方がクリエイティブな音楽を作り出す

ポピュラー音楽の制作には、さまざまなエフェクタが活用されていますが、多くは誤った使い方によってクリエイティブなサウンドを生み出したものです。テクノロジィの誤った使い方が、新しいタイプの音楽の快感をもたらしてくれることを期待しましょう。現代音楽の作曲家の皆さんにも、頑張ってもらいましょう。

▶▶ ポピュラー音楽はテクノロジィの誤った使い方に支えられている

ポピュラー音楽の分野では、音楽制作に使用されるテクノロジィの「誤った使い方」がクリエイティブなサウンドを生んだ例は、過去にも多くありました。エレキ・ギターで多用されるひずみ系エフェクタは、アンプへの過大入力でひずんでしまった演奏音がカッコよかったので生まれたツールです。**ひずみ系エフェクタ**の誕生は、一種のセレンディピティ（偶発的に発見されたもの）といえるでしょう。

過大入力を防ぐための**コンプレッサ**は、本来の用途とは違って、「音圧を上げる」ツールとして使われています。ディレイやリバーブも、本来は自然な反射音、残響音を再現するためのエフェクタでしたが、アクセントを加えるためや、過剰な残響付加で非現実的な空間性を生み出すためにも使用されています。

イコライザも、本来の周波数特性を補正する目的よりも、ある周波数帯域を強調するために用いられる方が多いようです。**オートチューン**というエフェクタはボーカルのピッチを補正するためのエフェクタですが、パヒュームに代表されるように、歌声を「ケロケロ」というロボット風の声に変化させるエフェクタとして広く活用されています。

エフェクタではないですが、DJがアナログ・レコードを手で回して「キュッキュッ」と鳴らす**スクラッチ**というテクニックも、レコードの使い方としては完全に間違っています（図12-3）。レコードは、ターンテーブルと呼ばれる台の上に置

いて回転させ、針で溝を擦って音を再生する記録媒体です。レコードの再生が始まったら、レコードには絶対に手を触れてはいけません。そんな間違ったレコードの使い方から生まれたスクラッチの音がカッコよくて、DJになりたがる人たちもたくさんいます。

　テクノロジィの進歩は、音楽制作における「誤った使い方」を促し、斬新なサウンドを提供してくれるでしょう。AIの技術は、単にサウンドのみならず、作曲、演奏、ミキシングなどを含む音楽制作全般に適用されるものと考えられます。その研究成果も期待されますが、その研究成果の「誤った使い方」が、音楽の新しい可能性を生む出すものと期待されます。

図12-3　レコードを使ってスクラッチを行うDJ

▶▶ 現代音楽の頑張りも応援したい

　音楽の新しい可能性に関しては、現代音楽の作曲家もさまざまなアプローチを試みています。現代音楽はクラシック音楽の現在進行形としてのジャンルで、今日の音楽学部での作曲の教育は現代音楽を志向したものです。ただし、現代音楽

に対する一般的印象は「不快な響きに満ちている」「デタラメに音が鳴っている」「演奏が難しそう」「わけがわからない」といったネガティブなもので、聴衆も限られています。そんな環境の中で現代音楽の作曲家は、音楽の新しいカタチを模索しているのです。

　最近の現代音楽の作曲家は、コンピュータを駆使したり、多チャンネルでの演奏を試みたりと、斬新なサウンドを生み出す存在でもあります。映像と組み合わせた作品や、インタラクティブな作品など音楽の枠組みを超えた作品の制作にも意欲的です。現代音楽の作曲家の皆さんには、ぜひともテクノロジィの「誤った使い方」を試みていただきたいと思います。これまでにない聴覚体験、視聴覚体験の味わいを生み出してくれるものと期待しています。

▶▶ 新しい脳の快感を

　ポピュラー音楽の分野でも、現代音楽の分野でも、新たなサウンドを生み出し、音楽の新しいカタチを示してくれると期待されます。ピンカーの仮説の是非はさておき、人間の脳に快感を与えてくれる音楽の仕掛けはまだあるはずです。

　音楽の所有欲を満たす仕組みにも期待したいものです。そういった音楽の誕生が楽しみです。チーズケーキに「甘んじる」ことなく、いろいろなスイーツを味わいたいですね（図12-4）。

COLUMN　今までにない音楽の楽しみ方を求めて

　新型コロナウイルス流行の影響下で実施されたインターネットを活用したさまざまな音楽イベントは、新しい形態での音楽コミュニケーションの方法を提示してくれました。そこから、今までにない音楽の楽しみ方が生まれる可能性もあると思います。音楽のチカラは、まだまだ可能性を秘めています。そんな可能性に挑戦するのも、悪くないですね。

図12-4 チーズケーキだけでなくいろいろなスイーツを味わいたい

参考文献

・朝日新聞「問題解決：チャイム，なぜキーンコーン？」(2007年10月1日朝刊生活面)

・フィリップ・ボール，音楽の科学－音楽の何に魅せられるのか？(河出書房新社，2011)

・リチャード・E・シトーウィック，共感覚書の驚くべき日常 (草思社，2002)

・W. Jay Dowling and Dane L. Harwood, Music Cognition (Academic Press, 1986)

・ダイアナ・ドイチュ編，音楽の心理学 (上) (下) (西村書店，1987)

・藤枝守，響きの考古学―音律の世界史からの冒険 (平凡社，2007)

・福井一，音楽の謀略―音楽行動学入門― (悠飛社，1999)

・福井一，音楽の感動を科学する (化学同人，2010)

・古屋晋一，ピアニストの脳を科学する (春秋社，2012)

・布施雄一郎，音楽制作現場におけるエフェクタの活用と音楽との関わり，日本音響学会誌，68 巻，351-356，2012．

・飯田一博，森本政之編著，空間音響学 (コロナ社，2010)

・池内智，佐々木実，北村音一，リズム並びにテンポのゆらぎの数量化に関する研究：あるギター曲のメロディーを例にとった場合，日本音響学会誌，40 巻，228-234，1984．

・岩宮眞一郎，音のデザイン―感性に訴える音をつくる― (九州大学出版会，2007)

・岩宮眞一郎，CDでわかる 音楽の科学 (ナツメ社，2009)

・岩宮眞一郎，図解入門 よくわかる最新音響の基本と応用 (秀和システム，2011)

・岩宮眞一郎，音楽と映像のマルチモーダル・コミュニケーション 改訂版 (九州大学出版会，2011)

・岩宮眞一郎，サイン音の科学―メッセージを伝える音のデザイン論― (コロナ社，2012)

・岩宮眞一郎，図解入門 最新 音楽の科学がよくわかる本 (秀和システム，2012)

・岩宮眞一郎，図解入門 よくわかる最新音響の基本と仕組み 第2版 (秀和システム，2014)

・岩宮眞一郎編著，視聴覚融合の科学 (コロナ社，2014)

・岩宮眞一郎，音のチカラ―感じる，楽しむ，そして活かす― (コロナ社，2018)

・岩宮眞一郎，音と音楽の科学 (技術評論社，2020)

・P. N. ジュスリン，J. A. スロボダ編著，音楽と感情の心理学 (誠信書房，2008)

・木下牧子監修，よくわかる楽典 (ナツメ社，2008)

・厨川守，亀岡秋男，協和性理論，東芝レビュー，25，481-486，1970．

- ドロシィ・ミール, レイモンド・マクドナルド, デーヴィッド・J.ハーグリーヴズ編, 音楽的コミュニケーション: 心理・教育・文化・脳と臨床からのアプローチ（誠信書房, 2012）
- ジョゼフ・ランザ, エレベーター・ミュージック—BGMの歴史（白水社, 1997）
- ダニエル・J. レヴィティン, 音楽好きな脳—人はなぜ音楽に夢中になるのか（白揚社, 2010）
- 三浦種敏監修, 新版 聴覚と音声（コロナ社, 1980）
- 中村滋延, 現代音楽×メディアアート—映像と音響のシンセシス—（九州大学出版会, 2008）
- 西原稔, 安生健, 数学と科学から読む音楽（ヤマハミュージックメディア, 2020）
- 西村雄一郎, 黒澤明　音と映像（立風書房, 1998）
- 日本生理人類学会編, 人間科学の百科事典（丸善出版、2015）
- 野本由紀夫編著、クラシックの名曲解剖（ナツメ社, 2009）
- 小尾碧, 岩宮眞一郎, 鉄道駅の発車メロディと使用駅の結びつき, 音楽音響研究会資料, MA2019-62, 2020.
- 小方厚, 音律と音階の科学（講談社, 2007）
- 小川博司, 音楽する社会（勁草書房, 1988）
- 大串健吾, 音響聴覚心理学（誠信書房, 2019）
- 大串健吾, 桑野園子, 難波精一郎監修, 音楽知覚認知ハンドブック—音楽の不思議の解明に挑む科学 —（北大路書房, 2020）
- 苧坂良二編著, 新訂 環境音楽－快適な生活空間を創る－（大日本図書, 1992）
- 音の百科事典編集委員会編, 音の百科事典（丸善, 2006）
- ジョン・パウエル, 響きの科楽—ベートーベンからビートルズまで—（早川書房, 2011）
- Plomp, R. and Levelt W. J. M., Tonal Consonance and Critical Bandwidth, J. Acoust. Soc. Am., 38, 548-560, 1965.
- Reinier Plomp, Aspects of tone sensation (Academic Press, 1977)
- 鈴木陽一, 赤木正人, 伊藤彰則, 佐藤洋, 苣木禎史, 中村健太郎, 音響学入門（コロナ社, 2011）
- チャールズ・テイラー, 音の不思議を探る—音楽と楽器の科学—（大月書店, 1998）
- 谷口高士編著, 音は心の中で音楽になる—音楽心理学への招待（北大路書房, 2000）
- Chia-Jung Tsay, Sight over sound in the judgment of music performance, PNAS, 110, 14580-14585, 2013.
- 筒井信介, ゴジラ音楽と緊急地震速報（ヤマハミュージックメディア, 2011）

参考文献

· 津山祐子, 音楽療法―実践者のためのガイドブック― (ナカニシヤ出版, 2008)

· 上野佳奈子編著, コンサートホールの科学 (コロナ社, 2012)

· 梅本堯夫, 音楽心理学 (誠信書房, 1972)

· 梅本堯夫編著, 音楽心理学の研究 (ナカニシヤ出版, 1996)

· 渡辺裕, 考える耳 記憶の場, 批評の眼, (春秋社, 2007)

· 山田真司, MIDI規格は音楽をどう変えたか, 日本音響学会誌, 64巻, 3号, 164-170, 2008.

· 山田真司, 西口磯春編著, 音楽はなぜ心に響くのか―音楽音響学と音楽を解き明かす諸科学― (コロナ社, 2011)

· 柳田益造編, 楽器の科学 (ソフトバンク・クリエイティブ, 2013)

· William A. Yost, Foundations of Hearing, 5th edition (Academic Press, 2013)

· E. ツヴィッカー, 心理音響学 (西村書店, 1992)

参考 web

· https://www.yamaha.com/ja/about/ai/dear_glenn/ (2020年8月2日確認)

· 万葉神事語辞典 http://k-amc.kokugakuin.ac.jp/DM/detail.do?data_id=68386 (2020年8月15日確認)

索 引
INDEX

岩宮　眞一郎（いわみや　しんいちろう）

日本大学芸術学部特任教授（音楽学科情報音楽コース）、九州大学名誉教授

略歴

九州芸術工科大学専攻科修了、工学博士（東北大学）。

九州芸術工科大学芸術工学部音響設計学科助手、助教授を経て、教授。その後、九州大学との統合により九州大学芸術工学研究院教授、定年により退職。

専門領域は、音楽心理学、音響工学、音響心理学、音響生態学。

音の主観評価、音と映像の相互作用、サウンドスケープ、聴能形成、音のデザイン等の研究に従事。「音楽のチカラ」を解き明かし、伝えていきたい。

主な著書

『音の生態学—音と人間のかかわり—』（コロナ社、2000）

『音のデザイン—感性に訴える音をつくる—』（九州大学出版会、2007）

『音楽と映像のマルチモーダル・コミュニケーション　改訂版』（九州大学出版会、2011）

『音のチカラ—感じる、楽しむ、そして活かす—』（コロナ社、2018）

『音と音楽の科学』（技術評論社、2020）

図解入門 よくわかる
最新 音楽の仕組みと科学

発行日　2020年 10月 5日　　　　第1版第1刷

著　者　岩宮　眞一郎

発行者　斉藤　和邦
発行所　株式会社　秀和システム
　　　　〒135-0016
　　　　東京都江東区東陽2-4-2　新宮ビル2F
　　　　Tel 03-6264-3105（販売）　　Fax 03-6264-3094
印刷所　三松堂印刷株式会社　　　　　Printed in Japan

ISBN978-4-7980-6317-1 C0073